Goldmann Science Fiction

Von Brian M. Stableford
sind außerdem im Goldmann Verlag lieferbar:

Die Erde über uns. 23279
Band 1 der Trilogie »Das Reich des Tartarus«

Die vergessene Hölle unter uns. 23308
Band 2 der Trilogie »Das Reich des Tartarus«

Zurück ins Licht. 23311
Band 3 der Trilogie »Das Reich des Tartarus«

Schmetterlinge im Paradies. 23285
Selbstmord im All. 23258
Paradies des Untergangs. 23282
Der Sonnenstaat. 23316
Die dritte Landung. 23317

BRIAN M. STABLEFORD

Das Machtgleichgewicht

BALANCE OF POWER

Science Fiction-Roman

Deutsche
Erstveröffentlichung

Wilhelm Goldmann Verlag

Aus dem Amerikanischen übertragen von
Tony Westermayr

Herausgegeben von Dr. Herbert W. Franke

Made in Germany · 11/80 · 1. Auflage · 1110

Umschlagentwurf: Atelier Adolf & Angelika Bachmann, München
Umschlagillustration: Jürgen F. Rogner, München
Gesamtherstellung: Mohndruck Graphische Betriebe GmbH, Gütersloh
Verlagsnummer: 23349
Lektorat: Bärbel Jahn/Peter Wilfert · Herstellung: Lothar Hofmann
ISBN 3-442-23349-6

I

Die Nacht sank rasch herab; Dunkelheit verschlang den Himmel, als die letzten Spuren des Sonnenhalos im Westen verblaßten. Einer der Matrosen ging langsam an Deck herum und zündete die Lampen an, die in Kopfhöhe an den Masten und am Dach der Back hingen. Auch in den Kajüten wurden Lampen angezündet, und sie warfen schwache, orangerote Strahlen durch die Bullaugen, um den Schimmer auf den langen Tangbändern zu erfassen, die in den Bugwellen des Schiffes wehten.

Es waren jetzt vier Tage, seitdem wir wieder in Tanggewässer gelangt waren. Wir waren seit über hundert Tagen auf Fahrt und mußten uns eigentlich ganz in der Nähe der Küste des westlichen Kontinents befinden. Diese Nähe schien die Langsamkeit, mit der wir vorankamen, besonders auffällig zu machen. Tag für Tag schoben wir uns mühsam in den Wind, der bemüht zu sein schien, uns aufzuhalten. Selbst ein Kolumbus hätte vielleicht die Geduld verloren und zugelassen, daß der Wind, seinen Rückzug erleichternd, ihn nach Hause trug. Aber wir besaßen einen Vorteil, über den Kolumbus nicht verfügt hatte: gute Karten. So langsam wir auch vorankamen, wir konnten unser Vordringen stets messen, unsere Position auf einer Karte präzise bestimmen, die uns versicherte, daß ein Ziel wirklich erreicht werden konnte und daß wir uns ihm näherten.

Von dieser Ausnahme abgesehen, hatte unsere Lage viel Ähnlichkeit mit der von Kolumbus. Wir überquerten einen großen Ozean von Osten nach Westen. Eine neue Welt – ein Kontinent, unberührt von dem, was auf Attica als Zivilisation galt – erwartete uns. Noch nie vorher hatte jemand die Überfahrt bestanden und war zurückgekehrt (drei Schiffe hatten bisher den Versuch unternommen). Und die Besatzung war unruhig . . . vielleicht in den Vorstadien einer Meuterei.

Ich stand am Bug des Schiffes und blickte hinunter auf die aus dem Wasser geschnittenen Wellen, während wir durch das lose Kraut fuhren. Die Wellen waren träge und verrannen im dickflüssigen Wasser rasch. Die Sterne waren herausgekommen, und ihr Widerschein wetteiferte mit einer schwachen, bläulichen Biolumineszenz. Der Eindruck, den sie hervorrief, hatte etwas leicht Unheimliches an sich. Ohne Zweifel würde sogar das Aufnahme in der Liste der Besatzung finden, die ihre Beschwerden und ihr Unbehagen umfaßte.

Wir hatten Schwierigkeiten gehabt, für die Reise Leute zu finden. Die Ankunft der ›Dädalus‹ auf Attica hatte der ›New Hope‹ eine bessere Chance gesichert als allen ihren Vorgängerinnen, wenn auch nur der Nahrungskonzentrate wegen, die wir für ihre Vorräte herzustellen vermochten (unbescheidenerweise schätzte ich auch meine Anwesenheit als ein Plus ein, will aber darauf nicht bestehen). Trotzdem waren Freiwillige für die große Fahrt dünn gesät gewesen. Die Fischer der Kolonie sahen keinen großen Wert in der Erforschung um der Erforschung willen. Sie hatten ihre Arbeit zu leisten, ihre Familien zu ernähren, und weiter reichte ihr persönlicher Horizont nicht. Die Kolonie – die ihren Namen Lambda nach dem Kontinent gewählt hatte, auf dem sie errichtet worden war (der ihn seinerseits von dem griechischen Buchstaben bezog, dem er auf der Landkarte ungefähr ähnelte) – war kein herausragender Erfolg. Das Leben war in den über hundert Jahren seit der Landung schwer gewesen, und es herrschte eine sehr mächtige Ethik, die harte Arbeit und die Verantwortlichkeit jedes einzelnen Haushalts für sich selbst forderte. Was die gesellschaftliche Billigung anging, so gab es wenig Lohn für jeden, der bereit war, seine Arbeit und sein Heim für eine Reise über das Meer aufzugeben, die wenigstens ein halbes Jahr dauern würde.

Nieland – der Urheber des Unternehmens und Konstrukteur

des Schiffes – war es schließlich gelungen, eine vollständige Besatzung anzuheuern, aber es waren nicht die Männer, die er (oder irgendein anderer vernünftiger Mensch) sich ausgesucht hätte. Sie hatten von Anfang an widerwillig gearbeitet und fanden jeden Tag neue Anlässe zu Beschwerden. Es fehlte nicht viel, und sie hätten die Fahrt unerträglich gemacht, für sich selbst wie für uns.

Es wäre ohnehin keine glückliche Reise geworden. Tagelang, nachdem wir abgefahren, war ich dank des unaufhörlichen Schlingerns des Schiffes sehr krank gewesen – und mit mir viele der Matrosen. Sie waren zumeist nur an kleine Fischerboote gewöhnt – wir hatten nur ein halbes Dutzend Trawlerleute – und fanden die ›New Hope‹ beinahe so fremdartig wie ich. Mariel hatte auch leiden müssen – vielleicht mehr als ich, obschon die Art und Weise, wie ich mich zu dieser Zeit gefühlt hatte, eine solche Möglichkeit auszuschließen schien. Auch Nieland war betroffen gewesen. Nachdem wir uns erholt hatten, war bei uns dreien und bei Nielands Begleiter Ling die gute Laune wiedergekehrt, aber nicht bei der Besatzung. Die Langeweile der endlosen Tage hatte ihr Gefühl, daß alles sinnlos sei, verstärkt. Je weiter wir uns von Lambda entfernten, desto größer wurden ihre abergläubischen Ängste. Drei Schiffe in den letzten hundert Jahren verloren ... Unternehmen wie dieses vom Geschick verurteilt ...

Und den vorherrschenden Wind stets im Gesicht. Wir hatten nicht mehr als sieben gute Tage gehabt mit beständigem Wind, der uns unterstützte, und sie waren durch ebenso viele Tage mehr als ausgeglichen worden, an denen Sturm und Orkan jedes Vordringen vereitelt hatten. Ich war dabei in Angst geraten, als ich das Spantenwerk in offensichtlicher Verzweiflung hatte ächzen hören. Es konnte keinen größeren Gegensatz geben als zwischen dem Schiff, das uns durch den Hyperraum nach Attica gebracht, und dem primitiven Dreimastschoner, der uns jetzt über seinen Ozean trug. In Sturmnächten fluchte ich des längeren über die Knauserei der Kolonie-Verwalter, die den Plan, ein Dampfschiff zu bauen, mit der Begründung verworfen hatten, der mutmaßliche Energieaufwand sei zu hoch.

Irgendwo hinter mir schlug eine Glocke viermal. Für die Besatzung hieß das, daß von der Wache zwei Stunden vergangen waren, für mich, daß es Zeit für das Abendbrot war. Ich löste mich aus der hypnotischen Betrachtung der glitzernden Meeresoberfläche und ging hinunter.

Wie immer war der Tisch in Nielands Kajüte für fünf Personen gedeckt. Ich sage ›gedeckt‹, obwohl es wenig aufzudecken gab. Wir lebten seit geraumer Zeit von reinen Konzentraten, da die Vorräte des Schiffes an substanzvollerer Nahrung aufgebraucht waren. Wir hatten an Kalorienwerten und lebenswichtigen Vitaminen genug zur Verfügung, aber unsere Verdauungsorgane reagierten ein wenig unwirsch auf das Fehlen von Zellulose und anderen verdauungsfördernden Nährstoffen. Ich war daran gewöhnt, aber für manche stellte das einen Anlaß mehr zur Verbitterung dar. Zu ihnen gehörte unser edler Kapitän, der Ogburn hieß – ein hochgewachsener, grobknochiger Mann, der unter einer kleinen Sprachstörung litt und mit seinen Worten zornvoll sparsam umging. Er trug zu unseren Gesprächen nach Tisch wenig bei und sorgte für eine düstere Atmosphäre bei den Mahlzeiten selbst, aber aus diplomatischen Gründen war seine Anwesenheit notwendig.

Nieland und Ling, Vertreter von Lambdas Zivilverwaltung (Parasiten, wie sie von manchen Besatzungsmitgliedern genannt wurden), bildeten einen sonderbaren Kontrast. Nieland war klein, aber sehr stämmig, und hatte eine Neigung zum Kläglichen. Ling war groß, schlank und schnell zu einem Lächeln bereit, wenn es auch künstlich und ohne Sinn zu sein schien. Es breitete sich aus wie durch Zauberei und verschwand mit rascher Vorsicht, als ich die Kajüte betrat. Nieland nickte nur. Ogburn, der mit dem Rücken zur Tür saß (für den Fall, daß er schnell hinaus mußte), drehte sich nicht um.

Ich nahm meinen Platz neben Mariel ein und begann ohne weitere Umstände, die Folie von einem der Konzentratpäckchen abzuziehen.

»Wir müßten morgen oder übermorgen Land erreichen«, erklärte Nieland. Er verfolgte unseren Weg mit übergroßer Genauigkeit und bestimmte drei- oder viermal am Tag mit den Instrumenten, die sein Stolz und seine Freude waren, unsere Position.

»Mit dem Tang hatten wir bisher keine Schwierigkeiten«, fügte er hinzu. »Es hat nicht den Anschein, daß er eine größere Gefahr darstellen könnte.«

»Der Wind wird sich nicht drehen«, ergänzte Ogburn.

Ich griff nach meiner großen Tasse voll jener Flüssigkeit, die Lambdas Antwort auf löslichen Kaffee darstellte, und spülte die ersten Brocken Konzentrat hinunter.

»Warum heute nacht nicht zwei Mann mit Angelschnüren aufstellen?« sagte ich. »Es sind vier Tage, seit wir durch Kraut fahren – es sollte Fisch genug geben, und wir haben keine solche Fahrt, daß die Schnüre reißen oder sich verwickeln würden.«

Nieland schüttelte den Kopf.

»Es ist keine gute Idee, deutlichzumachen, daß wir nicht schnell genug fahren, um eine Angelschnur zu verlieren. Und wir werden sehr bald auf dichten Tang stoßen. Fischen können wir nach Herzenslust, wenn wir die Küste erreichen.«

Ich zuckte mit den Schultern. Mariel aß stumm, die Augen auf einen Ast gerichtet, der ungefähr acht Zentimeter von der Kante die Maserung unterbrach. Die Stimmung der Besatzung beunruhigte sie. Außerdem war sie ungeduldig – im Grunde war das ihre Fahrt. Wir hatten bei der Landung erwartet, festzustellen, daß die Kolonie auf Lambda bereits eine Art Stützpunkt auf dem westlichen Kontinent (wegen einer noch vageren Ähnlichkeit im Umriß Delta genannt) errichtet hatte, oder daß man zumindest genügend Schiffe besaß, die sich zur Überfahrt eigneten. Wir hatten jedoch eine Kolonie in großen Schwierigkeiten gefunden, die ›New Hope‹ im Bau und Ursache erheblicher Feindseligkeit, da man Nieland und seinen Anhängern vorwarf, sie mißbrauchten wichtige Hilfsmittel. Mariel war enttäuscht gewesen, da die Ureinwohner von Attica, die nur auf Delta lebten, die menschenähnlichste und ›fortgeschrittenste‹ der drei fremden Rassen war, mit denen sie im Verlauf der Mission Verbindung aufnehmen sollte. Sie hatte, was die Salamänner von Wildeblood anging, bescheidene Erfolge verbuchen können – aber sie waren als amphibische Art von der Menschheit doch weiter entfernt gewesen. Die Atticaner waren Primaten doch viel ähnlicher, wenngleich im Aussehen etwas katzenartig. Es hatte den Anschein gehabt, daß die Aussichten für freundschaftliche Beziehungen zwischen Mensch und fremden Wesen auf Attica – wechselseitig wertvolle Beziehungen dazu – viel besser wären. Aber Mariel stellte bei unserer Ankunft fest, daß keine Wege zur Verständigung eröffnet worden waren und daß es keinerlei interkontinentalen Verkehr gab. Sie würde nicht nur bei Null beginnen müssen, es blieb auch kaum Zeit für mehr als eine kurze Expedition nach Delta, aus der vielleicht nicht einmal ein fruchtbarer Kontakt entstehen mochte. Bislang hatte sie Attica als traurige Enttäuschung empfunden.

»Heute nacht schlafen Vögel in der Takelage«, sagte Ling, das Thema wechselnd. »Sie verlassen sich darauf, daß wir sie zur Küste zurückbringen. Das ist ein gutes Zeichen.«

Für mich dachte ich: *Schon, aber wenn irgend etwas schiefgeht, haben sie immer noch ihre Flügel.* Einen solchen Gedanken sprach ich natürlich nicht aus, sowenig wie irgendein anderer. Aber ich brauchte nicht Mariels Begabung, Gedanken zu lesen, um zu wissen, daß in den Gehirnen meiner Begleiter gewisse beunruhigende Gedanken lauerten. Wir waren zwei Tage von der Küste entfernt, und bisher war es nicht allzu schwierig gewesen. Aber drei andere Schiffe hatten diese Reise schon gemacht, und nicht eines war zurückgekommen. Sie waren ebenso gut konstruiert gewesen wie die ›New Hope‹, ebenso stabil gebaut. Eines davon oder vielleicht sogar zwei mochten in außergewöhnlich schlechtes Wetter geraten und untergegangen sein . . . aber drei war eine Zahl, die an der Gemütsruhe zehrte. Sie deutete darauf hin, daß über den Zufall hinaus noch etwas anderes am Werk war. Selbst für *mich* hieß es, daß mehr als Zufall im Spiel sein mußte.

Siebenunddreißig Jahre waren vergangen, seitdem ein Mann namens Verheyden mit einem Schiff, das den Namen ›Floreat‹

trug, den Haupthafen von Lambda verlassen hatte und nach Westen übers Meer gefahren war. Diese Zeitspanne – eineinhalb Generationen – war Zeugnis genug dafür, wie ernst die Kolonie ihren Verlust nahm. Eine Kolonie, die jeden Winter mühsam gegen das Verhungern kämpfen muß, kann es sich nicht leisten, Menschen und Geld in Projekte zu stecken, die weniger als nichts einbringen, gleichgültig, welche Art von Prinzip auf dem Spiel steht. Wenn Nieland nicht zurückkehrte, würde es noch einmal siebenunddreißig Jahre dauern, bevor ein anderer wie er die Zustimmung zu einer ähnlichen Expedition würde erlangen können.

»Was ist mit Ihren Experimenten?« fragte mich Nieland. »Haben Sie etwas von Interesse gefunden?«

»Ich habe nur ein Lichtmikroskop«, erwiderte ich. »Alles, was ich tun kann, ist, die Planktonproben und den Tang zu untersuchen. Ich kann keinesfalls etwas finden, das dem Vermessungsteam entgangen wäre . . . und es spricht kaum etwas dafür, daß in zweihundert Jahren in der Tier- und Pflanzenwelt des Meeres eine bedeutsame Veränderung stattgefunden hat. Dieser Fetisch, Proben zu nehmen, ist ja eigentlich ein wenig absurd. Aber das gehört zur Routine – es gibt eine formelhafte Pantomime, der wir uns auf jeder Welt unterziehen müssen, damit wir der UNO einen Computer-Ausdruck präsentieren können, der drei Tonnen wiegt, um so unsere Arbeit hier zu rechtfertigen. Es gibt stets Leute, die fragen werden, was wir getan haben, um die riesigen Kosten zu rechtfertigen, unter denen wir hergeschickt worden sind. Es genügt nicht, zu sagen, wir hätten einer oder zwei Kolonien aus großen Schwierigkeiten geholfen, ihnen den Weg zum Erfolg gezeigt. Dergleichen läßt sich nicht messen. Die Leute, die uns ausgeschickt haben, brauchen etwas Greifbares, etwas, das sie abwiegen und wozu sie sagen können: ›*Das* ist ein Beitrag zum menschlichen Wissen und zum Wohlergehen unserer Kolonien auf anderen Welten. Das politische Denken, wissen Sie . . . mit abstrakten Dingen kann es überhaupt nichts anfangen.‹

Er sah mich an, als hätte er das Gefühl, ich wollte ihn auf den Arm nehmen. Im Grund war er selbst Politiker.

Ling lächelte. Kurz.

»Zu Hause zählt nicht, was wir erreichen«, sagte Mariel in sanfterem Ton. »Da zählt, was an Erreichtem *sichtbar* ist. Die UNO kann die Welten nicht selbst sehen. Alles, was sie sehen kann, sind unsere Berichte, Messungen, Aufzeichnungen. Sie müssen vollständig sein. Jeder Augenblick unserer Zeit muß belegt werden, weil jeder Augenblick die Steuerzahler auf der Erde Geld kostet.«

Nieland begriff. Er verstand vollkommen. Denn sein Problem war das unsere in Miniaturausgabe. Sein Projekt war wie das unsere widerwillig finanziert worden. Wie das unsere war es ein Projekt, dessen Zweck in Geld nur schwer auszudrücken war. Wie wir mußte er am Ende dafür etwas vorweisen. Er mußte irgendeinen Gewinn erzielen. Im Gegensatz zu uns konnte er das nicht mit Tonnen Papier und der rituellen Vorspiegelung tun, daß Zahlen und Fakten die Summe des menschlichen Wissens bereicherten. Er brauchte etwas Augenscheinlicheres.

Auf lange Sicht wir auch. Wenn das Weltraumprogramm wiederbelebt werden sollte, würden wir dafür ein paar sehr gute Gründe liefern müssen. Wir hatten uns auf den Weg gemacht, ohne so recht zu wissen, was wir finden würden, um diesen Zweck zu fördern, aber wir waren entschlossen gewesen, irgend etwas zu finden. (Zumindest ich war entschlossen. Bei meinen Begleitern hatte ich manchmal Zweifel.) Nieland war in einer ganz ähnlichen Lage. Er hielt es für falsch, daß die Kolonie eine Politik entschiedener Isolation auf dem Weg betrieb, Lösungen für ihre Probleme zu finden. Er war der Ansicht, vielleicht ohne einen wirklichen Grund dafür zu haben, daß die Antwort hinter dem Horizont, jenseits des Meeres liegen mochte. Er fühlte, daß es *notwendig* für die Kolonie war, jenseits des Horizonts *irgend etwas* zu haben, damit der Horizont nicht schrumpfte und die Kolonie zugrunde ging, ohne je die Möglichkeiten erforscht zu haben, die ihr offengestanden hatten. Ein solches Gefühl kann in wirtschaftlichen Begriffen schwer zu rechtfertigen sein.

Ich glaube, daß Nieland bei mir moralische Unterstützung

suchte. Und überdies hoffte er, ich könnte finden, was immer er suchte. In gewisser Weise war das sehr rührend. Nur fühlte ich mich nicht leistungsfähiger als er, außer in den optimistischsten Auswüchsen meiner Phantasie.

»Ihre Leute werden zufrieden sein«, sagte Ling zu Ogburn. »Sie werden sehr froh sein, Land zu sehen.«

Ogburn war bereits im Aufstehen begriffen und kippte den Rest Kaffee-Ersatz hinunter.

»Haben sie noch nicht«, sagte er barsch, als er zur Tür ging. »Un'as Land kann schlimmer sein als die See.«

»Eine Frohnatur«, meinte ich. Es war nicht das erstemal, daß ich diese Bemerkung machte. Sie wuchs sich zu einem Klischee aus.

»Ich würde mich nicht darauf verlassen, daß unsere Landung Erleichterung bringen wird«, sagte Mariel zu Nieland. »Das einzige, was sie glücklich machen würde, wäre, auf der Stelle umzukehren und mit dem Wind im Rücken davonzufahren. Sie sind jetzt weit von zu Hause fort, und das Geld, das Sie ihnen bezahlt haben, als sie anheuerten, ist weit weg, zusammen mit allem, was man sich damit kaufen kann. Die Prämie, die sie nach Abschluß der Reise erhalten, sieht nicht mehr ein Zehntel so verlockend aus wie zu Anfang. Ich glaube, es wird Ärger geben.«

»Ich denke, wir können uns auf Ogburn verlassen«, meinte Ling.

»Er ist ein starker Mann«, sagte Nieland. »Er wird sie im Zaum halten.«

Mariel senkte den Kopf und gab ihrem Urteil aus diplomatischen Gründen nach. Die Frage, die sie und mich bewegte, lautete: Wer wird *ihn* im Zaum halten? Aber wir ließen sie unausgesprochen und schwiegen.

Draußen hörten wir kleine Wellen gegen das Schiff klatschen.

Zum millionstenmal wünschte ich mir, diese vermaledeite Reise nie angetreten zu haben. Ich bedauerte Mariel sehr, die ein ganz ähnliches Gefühl hatte, aber auch das verzweifelte Wissen, daß dies die einzige Hoffnung für sie war, die fremden Wesen zu erreichen ... ihre einzige Hoffnung, den Kontakt herzustellen, der Anlaß für ihr Hiersein war.

2

Nach dem Essen spielten wir Karten. Das war zu einem Ritual geworden, zu einem Mittel, die Zeit totzuschlagen. Die Matrosen spielten mit Münzen auf sonderbar markierten Brettern – Spiele, die bewußt kompliziert gestaltet waren, um die Aufmerksamkeit zu fesseln. Sie spielten um Gefälligkeiten und Schuldscheine, um dem, was sie taten, richtige Bedeutung zu verleihen. Wir machten uns die Mühe nicht.

»Wenigstens haben wir echte Arbeit vor uns, wenn wir landen«, sagte Nieland. »Sie werden keine Zeit zum Murren haben, wenn wir Land roden und einen Stützpunkt bauen müssen. Und es wird frische Nahrung geben. Alles wird besser werden.« Er war immer noch bemüht, sich selbst zu überzeugen.

»Sie können es ihnen nicht allzusehr verdenken«, sagte Ling. »Wir sind weit fort von zu Hause. So weit, daß ihnen von der Härte etwas herausgeklopft – oder besser – -gequetscht worden ist. Sie haben Angst, und das gefällt ihnen nicht. Sie kennen dieses Gefühl sonst nicht.«

Nach den Maßstäben, die Mariel und ich anlegten, war der Ozean nicht so riesenhaft. Wir hatten jetzt ein halbes Dutzend Welten gesehen (die Erde eingeschlossen) und maßen *unsere* Reisen in Lichtjahren. Aber für diese Männer war Entfernung nur im Rahmen dessen sinnvoll, wie weit ein Mensch gehen oder reiten oder segeln konnte. Delta war in mancher Beziehung von Lambda weiter entfernt als die Erde. *Terra incognita.* Sie hatten Erinnerungen an die Erde – keine direkten, aber mündlich überlieferte Historien. Delta kannten sie nur von toten, technischen Vermessungsberichten.

Die Kolonisten waren mit Attica nie ins reine gekommen.

Nicht einmal mit der Region von Lambda selbst, wo sie sich niedergelassen hatten. Es war ihnen nie gelungen, sich ganz durchzusetzen. Von Anfang an hatte es Schwierigkeiten gegeben – Kleinigkeiten, aber zu viele, als daß man sie ohne Mühe bewältigen konnte. Wie den Kolonien, die Kilner besucht hatte, war es auch dieser Kolonie schwergefallen, sich zu halten. Das örtliche Lebenssystem hatte auf tausendfache, subtile Weise gegen die Invasion reagiert. Nach den ersten Jahren der Durchsetzung ihrer Feldfrüchte, des Baus ihrer Häuser und der Planung all der großen Dinge, die man zu tun gedachte, hatten die Kolonisten eine langsame Wende zu ihren Ungunsten gespürt. Der Ertrag der Feldfrüchte von der Erde wurde im Lauf der Zeit immer geringer. Sie hatten Allergieprobleme entwickelt.

Als sie versuchten, lokale Bodenprodukte in großem Maßstab zu erzeugen, beeinflußten sie das ökologische Gleichgewicht des Gebietes und schufen neue Probleme. Örtliche Schädlinge und Schmarotzer, normalerweise durch das Gleichgewicht der Natur unter Kontrolle, waren unbeherrschbar geworden. Sie waren gezwungen gewesen, um ihr Auskommen und ihr Leben zu kämpfen. Sie wurden der Probleme der Reihe nach Herr, aber der Reihe nach entstanden neue. Eine Kolonie auf einer fremden Welt hat, gleichgültig, wie wirksam die Erkundung gewesen sein mag, sehr viel zu lernen, und die Lernprozesse können kostspielig sein.

Lambdas Kolonie war es nie gelungen, in die positive Rückkopplungsschleife einzutreten, in der ihre Anstrengungen künftige Mühen erleichtert hätten. Alle ihre Bemühungen waren in den schlichten Kampf ums Überleben abgelenkt worden. Sie hatten sich vor keinen Großkrisen gesehen, aber vor einer langen, anhaltenden Reihe von Kleinkrisen. Es war ihnen nicht gelungen, ihre industrielle Revolution zu beginnen, obwohl sie über das Rüstzeug dazu verfügten. Sie wußten, wo man das Eisenerz finden konnte, die Kohle, das Erdöl . . . aber sie konnten einfach nicht die Arbeitskraft freisetzen, um den erforderlichen Strom an Rohstoffen in Bewegung zu setzen.

Sich im Besitz des Rüstzeugs zu wissen, hatte das Ganze eher noch verschlimmert. Es hatte sie frustriert, ihnen ein bitteres Gefühl des Versagens eingeimpft.

Der Besuch der ›Dädalus‹ würde den Kampf fast mit Gewißheit zu ihren Gunsten entscheiden. Unser Labor konnte ihre Ernährungsprobleme ohne allzugroße Schwierigkeiten lösen. Wir konnten ihre Feldfrüchte den veränderten Bedingungen anpassen und ihnen helfen, die Schädlinge zu beseitigen. Als mindestes konnten wir ihnen eine weitere Atempause von einem Jahrzehnt verschaffen. Zusätzlich zu dem, was sie bereits besaßen, sollte das genügen. Der Rückkopplungsprozeß mußte einsetzen.

Unsere Ankunft hatte sie jedoch nicht glücklicher gemacht. In gewisser Beziehung waren sie an ihr Versagen erinnert worden. Sie hatten es nicht aus eigener Kraft geschafft. Jetzt brauchten sie Hilfe. Sie nahmen es uns übel, daß wir gekommen waren. Sie nahmen die Notwendigkeit dessen übel, was zu tun wir gekommen waren. Ich konnte ihnen das nicht verdenken.

Ich hatte Conrad und Linda die Routinearbeit in der Kolonie überlassen, zum großen Teil deshalb, weil ich das Gefühl hatte, ich sei an der Reihe, Mariel als Teil des Kontaktteams zu begleiten. Ich war in dem Augenblick schuldbewußt gewesen, aber jetzt bedauerte ich meine Entschlossenheit. Ich hatte das Gefühl, auf Wildeblood etwas versäumt zu haben, als ich in der Kolonie geblieben war, während Conrad und Linda sich Mariel anschlossen, aber inzwischen war ich durchaus bereit, wieder zu passen, wenn ich nur die Sicherheit haben konnte, daß diese Expedition eines Tages sicher nach Hause segeln würde. Ich hätte mich viel wohler gefühlt, wenn jemand anderer dabeigewesen wäre. Die Verantwortung, Mariels einziger Begleiter und Beschützer zu sein, lastete ein wenig auf mir. Aber wir hatten unter keinen Umständen einen zweiten Biologen erübrigen können, und Karen war gebraucht worden, weil es sehr viel Arbeit mit den Anlagen und Vorräten des Raumschiffs gab. Wir hatten auf Arcadia nicht sehr viel Gelegenheit zu Reparaturen gehabt; wenn wir unseren Auftrag durch den Besuch einer sechsten Welt ganz erfüllen wollten, mußten wir die Arbeiten jetzt nachholen.

»Das Problem ist«, sagte ich nachdenklich – da ich mich verpflichtet fühlte, einen Beitrag zur sorgenvollen Diskussion zu leisten, »daß sie Delta wirklich als fremdartig empfinden werden. Die beiden Kontinente sind zu keiner Zeit während der ganzen geologischen Geschichte des Planeten miteinander verbunden gewesen. Was an Kontinentalverschiebung überhaupt stattgefunden hat, war einfach nur eine teilweise Fragmentierung der ursprünglichen Landmassen. Die Lebewesen auf den beiden Kontinenten müssen bis zur ersten Invasion aus dem Meer zurückgehen, um gemeinsame Vorfahren zu finden – und selbst da ist die charakteristische Meeresfauna *dieses* Kontinentalschelfs von der Lambdas grundlegend verschieden, außer auf mikroskopischer Ebene.

Delta ist viel dichter bewaldet als Lambda, über die ganze südliche Wölbung, außer einer Graslandebene in der Mitte und einigen Gebirgsregionen. Nur im Norden, wo es sich zum Schnörkel verdünnt, findet man Verhältnisse ähnlich jenen in der Kolonie. Die Kolonie hat wegen der relativen Nähe der drei Meere komplexe Wetterbedingungen, aber nicht Delta. Dort sind die Regenfälle weit mehr durch die Jahreszeiten bedingt. Deshalb ist die Kolonie natürlich auf Lambda angelegt worden – aber das bedeutet auch, daß Delta ein Lebenssystem entwickelt hat, das sich von dem gewohnten stark unterscheidet. Am bedeutsamsten sind die fremden Wesen selbst, aber es geht nicht nur um sie. Die Vögel, die Sie in der Takelage gesehen haben, sind fremde Arten – und jede andere Gattung von Vögeln, Säugetieren oder Reptilien, auf die wir stoßen, wird ebenfalls unbekannt sein. Es ist nicht die Art von Gelände, das Ihre Leute gewöhnt sind. Sie werden sich da nicht zu Hause fühlen können.«

Ich hätte noch mehr hinzufügen können. Ich hätte sagen können, daß die fremden Wesen selbst sich wohl als furchterregend erweisen würden. Sie würden ungefähr einen Kopf größer als Ogburn sein, der nach den Maßstäben der Kolonie ein großer Mann war – selbst eine Frau würde von seiner Größe sein –, und ihre Gesichter würden besitzen, was einem Menschen als eingewurzelte Wildheit erscheinen mußte – die Nase einer Katze mit derselben gespaltenen Oberlippe und Vorderzähnen, die für Reißen und Zerschneiden gleichermaßen geeignet waren. Ihre Ohren würden hoch oben an beiden Seiten des Kopfes stehen, büschelig wie bei einem Luchs. Ihre Körper würden bedeckt sein mit einem dünnen, aber in der Regel lebhaft gefärbten Fell, gelb und braun gefleckt. Sie würden Zweibeiner sein, aber eher den Eindruck von Gorillas als von Menschen erwecken.

»Wir müssen uns etwas einfallen lassen, um das Gleichgewicht zu erhalten«, sagte Nieland. »Ich würde ihnen mehr Geld anbieten, aber ich kann es nicht, und wir sind weit von den Orten entfernt, wo sie es ausgeben könnten. Ich wünsche mir beinahe, ich könnte ihnen Beute versprechen . . . ein Eldorado, verborgen in den Wäldern. Etwas, das ihre Phantasie anregen würde.«

»Das ist eine gefährliche Taktik«, sagte ich.

»Und glauben würden sie mir ohnehin nicht«, fügte er hinzu.

Ich warf einen Blick auf Mariel, weil ich wußte, daß ihr mein nächster Vorschlag nicht gefallen würde, aber ich sah keine Alternative.

»Wir haben nur einen vernünftigen Anreiz, den wir ihnen bieten können«, sagte ich, »nämlich den Vorschlag, unseren Aufenthalt abzukürzen. Wenn sie den Stützpunkt schnell bauen und ohne große Schwierigkeiten mit den fremden Wesen Verbindung aufnehmen können, sagen wir, daß wir den Aufenthalt um die Hälfte kürzen. Wenn sie wissen, daß wir um so schneller heimfahren können, je schneller alles bewältigt wird, werden sie sich anstrengen.«

»Dann bleibt uns nicht genug Zeit«, sagte Mariel. »Ich muß Zeit haben.«

»Diese Leute haben nicht unser Sendungsbewußtsein«, sagte ich ruhig. »Sie sind keine dummen oder auch nur besonders unvernünftigen Menschen . . . aber Sie kennen ihre Prioritäten und verstehen ihre Ängste besser als jeder andere. Sie wissen, daß unsere Ziele ihnen nichts bedeuten. Wenn wir versuchen, sie zu zwingen, alles nach unseren Wünschen zu tun, werden sie nur noch aufgebrachter. Sie halten uns jetzt schon für Wahnsinnige.«

»Sie können sagen, daß sie nicht dumm sind«, gab sie zurück, »aber sie sind engstirnig. Sie sind nicht bereit, sich Argumente anzuhören. Das ist nicht vernünftig.«

»Um so mehr Anlaß für einen Kompromiß«, sagte ich. »Wenn wir sie nicht dazu bringen können, unsere Denkweise zu verstehen . . . dann müssen wir der ihren Boden überlassen.«

»Sehr schade«, sagte Ling.

»Aber es wird eine neue Gelegenheit geben«, meinte Nieland. »Sobald wir hiergewesen und zurückgekehrt sind, ist der Damm gebrochen. Wir werden bewiesen haben, daß man es schaffen kann. Das ist die Hauptsache. Wir können immer wieder zurückkommen.«

»*Sie* können es«, sagte Mariel.

»Unsere erste Aufgabe besteht darin, der Kolonie zu helfen«, erinnerte ich sie. »Die Kontaktmission ist zweitrangig. Sie wissen, daß ich sie für wichtig halte – ach was, Sie wissen, daß ich fast genauso entschieden darüber denke wie Sie. Aber es ist nicht gleich alles aus, wenn Sie nicht so vorgehen können, wie Sie wollen. Sie haben auf Wildeblood schon sehr viel erreicht. Sie brauchen sich nicht wieder von neuem zu beweisen.«

»Sie verstehen nicht«, sagte sie. Die Art, wie sie es sagte, überzeugte mich davon, daß ich wirklich nicht verstand.

»Nichtsdestoweniger machen wir es so«, sagte ich. »Wir errichten den Stützpunkt. Wir versuchen Kontakt aufzunehmen. Wenn sie bereit sind, zu uns zu kommen und mit uns zu reden, gut. Aber wenn sie nicht interessiert sind, jagen wir nicht hinter ihnen her . . . und wenn sie Anzeichen von Feindseligkeit erkennen lassen, suchen wir das Weite, und zwar schnell.«

»Das gibt mir keine *Gelegenheit*, irgendeine Barriere zu überwinden«, beklagte sie sich. »Und diese Leute *brauchen* die Chance. Wer sonst wird irgendwelche Schwierigkeiten überwinden, so wie ich es könnte? Gibt es in der Kolonie jemanden, der in Zungen reden kann? Wenn die anderen Expeditionen von den fremden Wesen wirklich vernichtet worden sind, dann mag mein Talent die einzige Hoffnung sein, die wir haben, um herauszufinden, warum, um dafür zu sorgen, daß es nicht wieder vorkommt. Die Kolonie kann sich nicht für ewig isolieren . . . eines Tages, jetzt oder in tausend Jahren, wird sie mit den fremden Wesen Verbindung aufnehmen müssen.«

»Miss Valory«, sagte Nieland leise, »wir müssen an andere Dinge denken. Wir werden eines Tages Verbindung mit den Eingeborenen aufnehmen. Es ist nicht notwendig, daß das jetzt geschieht. Ihre Begabung könnte von Nutzen sein. Ich glaube daran. Aber das braucht nicht der Zeitpunkt dafür zu sein. Wir müssen unser eigenes Tempo gehen.«

Ich konnte sehen, daß sie gegen Tränen der Enttäuschung ankämpfte. Aber sie schien zu gewinnen. Die Fahrt war nicht leicht für sie gewesen – die Besatzungsmitglieder waren nicht die besten Reisegenossen, die man sich vorstellen konnte. Es waren noch andere Frauen an Bord, aber das machte sie nicht unsichtbar. Es gibt Zeiten, zu denen es nahezu die Hölle sein muß, die Gedanken der Leute lesen zu können, die einen ansehen . . . vor allem, wenn man ein halbwüchsiges Mädchen ist.

Als wir mit der Runde fertig waren, legten wir die Karten weg. Wir hatten das Spiel abgewürgt. Ich brachte Mariel zu ihrer Kabine zurück und überließ es Ling, sich mit Nieland zu besprechen. Auf irgendeine Weise würden sie eine geeignete Formel finden, mit der Besatzung zu verhandeln.

3

»Das ist großes Pech«, sagte ich und ließ mich auf dem Boden nieder. Die Kabinen waren nicht gerade von der Luxusklasse. Ich hatte einen Tisch und ein wenig Beinfreiheit. Mariel hatte nur die Koje.

Sie legte sich auf das Bett und starrte an die Decke. Die Lampe war an der Wand über dem Kissen angebracht, und sie warf einen Schatten auf ihr Gesicht, als sie die Hand hob, um die Augen vor dem direkten, grellen Licht zu schützen. Ich konnte ihren Ausdruck nicht sehen.

»Schon gut«, sagte sie. »Ich weiß, wie die Dinge liegen. Sie sind ein übler Haufen und in bösartiger Stimmung. Aber es erscheint einem einfach lächerlich, daß wir durch etwas so Dummes besiegt werden können. Nach den Salamännern war ich überzeugt davon, mit diesen Leuten reden zu können, *überzeugt*, sie kennenlernen zu können. Ich war sicher, in sechs Wochen mehr über sie erfahren zu können als eine Armee von Exobiologen in sechs Jahren. Ich *bin* überzeugt davon . . . aber so nah dran zu sein und die Gelegenheit nicht zu bekommen . . .«

»Es tut mir leid«, sagte ich.

»Sie können nichts dafür. Ich mache mir so viel Sorgen wie Sie. Sie sind unberechenbar, weil sie so verkrampft und angespannt sind.«

»Machen sie Ihnen Schwierigkeiten?« fragte ich verlegen.

Die Frage war ihr so peinlich wie mir.

»Nein«, sagte sie. »Sie gaffen nur. Wenn ich mich daran nicht gewöhnen könnte . . . wie sähe ich aus? Selbst daheim auf der Erde, als ich vierzehn war . . .«

Jetzt war sie achtzehn. Sie war in ihren eher schlaksigen Körper hineingewachsen. Sie sah viel weniger linkisch aus. Sie war keine tolle Erscheinung, aber nicht unattraktiv.

»Es ist nicht Ihre letzte Chance«, sagte ich leise. »Auf der nächsten Welt gibt es auch fremde Ureinwohner. Und danach . . . wenn alles gutgeht . . .«

»Wenn«, sagte sie. Es klang tonlos und sehr bitter.

»Sie haben Angst, nicht wahr?« sagte ich. »Angst davor, daß Ihr Talent . . . ausbrennt.«

Sie drehte sich auf die Seite, um mich anzusehen, als wundere sie sich über meinen scharfen Blick. Sie war es gewöhnt, zu wissen, was andere Leute dachten. Sie war es nicht gewöhnt, daß sie wußten, was *sie* dachte.

»Wie . . .?« begann sie. Sie verstummte, weil sie sehen konnte, was ich dachte. In Worte gefaßt, lautete es ungefähr: *Ich bin kein Dummkopf. Nicht einmal ich bin gänzlich unsensibel.*

»Dazu kommt es, wissen Sie«, murmelte sie. »Dazu kommt es immer.«

»Vielleicht lernen die Leute einfach, sie zu verbergen«, meinte ich.

»Und vielleicht lernen sie, sie zu zerstören«, sagte sie leise. »Um sich selbst zu retten.«

»Ist es das, was Sie wollen?«

»Nein. Es ist das letzte auf der Welt, was ich möchte. Ich glaube es nicht. Ich glaube, daß Talente zugrunde gehen müssen, denn wenn sie es nicht tun . . .«

». . . werden die Leute verrückt«, ergänzte ich. »Nicht unbedingt. Niemand weiß es.«

»*Ich* weiß es«, flüsterte sie scharf. »Solange man ein Kind ist, spielt es keine Rolle. Ein Kind steht außerhalb der Erwachsenengesellschaft . . . es ist mit sich selbst beschäftigt, in sich versunken. Alle Kinder sind nach den Maßstäben der Erwachsenen wahnsinnig. Aber wenn sie aufwachsen, erwarten wir von ihnen, daß sie normal werden. Wie kann man seinen Platz in der Erwachsenenwelt einnehmen, wenn man Gedanken lesen kann? Wenn so viel von Regeln und Konventionen und Ethik und Selbstbetrug abhängt . . . wie kann es in einer solchen Welt für jemanden wie mich irgendwo einen Platz geben?«

»Wir haben uns angepaßt«, sagte ich. »Im Raumschiff. Sogar ich. Es sind jetzt viereinhalb Jahre. Vielleicht habe ich lange gebraucht. Aber ich habe mich angepaßt wie wir alle.«

»Das Schiff ist ein Mikrokosmos«, sagte sie. »Keine Welt. Nur sechs Personen, gezwungen, so eng miteinander zu leben, daß es Privates überhaupt nicht geben kann. Wir kennen alle unsere Seelen in- und auswendig. Was macht da ein bißchen Gedankenlesen noch aus? Aber in der realen Welt . . . in der komplexen Welt von Millionen Menschen, wo keiner den anderen kennt, außer vielleicht innerhalb der Ehe und möglicherweise nicht einmal dann . . . Ich stehe außerhalb. Ich bin ein Verstoß gegen das Leben selbst. Als Kind war ich ein Außenseiter . . . aber als *Person*, für die ich mich ausgebe . . .«

»Hören Sie auf«, sagte ich.

Sie rollte sich ein wenig zusammen, als dränge ihr Körper instinktiv nach einer Fötalhaltung, die er nicht mehr ganz zustande brachte. Ihre Augen blieben auf mein Gesicht gerichtet.

»Wissen Sie, was ich glaube?« sagte sie in einem seltsamen Ton, der nicht ganz zu ihrer Stimme paßte. »Ich glaube, daß Talente wie Magie mit der Jungfräulichkeit verschwinden. In dem Augenblick, in dem ich in die menschliche Rasse eingeführt werde, wird einfach Schluß sein!«

Ich blickte zur Seite.

»Man kann nicht alles glauben«, sagte ich, bemüht, einen Weg zu finden, der von dem Thema wegführte. »Nicht alles auf einmal.«

»Doch«, sagte sie. »Alle die widersprüchlichen Theorien – alle die schlauen psychologischen Analysen. Ich glaube sie alle. Ich glaube, daß ich mein Talent verlieren muß, um bei Verstand zu bleiben. Ich glaube, daß es wie eine Kindheitsneurose verschwinden wird, sobald meine Einführung in die Wunder des Sexuellen geschehen ist. Ich glaube das alles. Und jetzt sehen Sie, warum ich nicht sicher sein kann, daß es jemals eine nächste Gelegenheit geben wird.«

»Wenn es nachläßt«, sagte ich unbeholfen, »wird das nicht das Ende der Welt sein.«

»Es wird nicht der Anfang sein«, sagte sie bitter.

»Selbst wenn es keine andere Gelegenheit geben sollte«, sagte ich – langsam, weil ich mich auf schwankendem Boden befand –, »wären Sie nicht gescheitert. Was Sie auf Wildeblood getan haben . . . das bleibt Ihnen immer. Und das war sehr wichtig. Es war das *erstemal*. Das kann Ihnen niemand mehr nehmen. Sie haben Kontakt – *echten Kontakt* – mit einer fremden Rasse aufgenommen. Sie sind in die Gehirne dieser Wesen eingedrungen, in ihre Denkweise. Diesen einen Erfolg kann Ihnen niemand bestreiten. Vielleicht bekommen Sie Gelegenheit, das zu wiederholen, vielleicht auch nicht. Die Situation hier sieht nicht gut aus. Aber Sie dürfen nicht in diesen Zustand bitterer Verzweiflung geraten. Sie *dürfen* das nicht.«

Ich hatte mit immer größerer Schnelligkeit und Eindringlichkeit gesprochen. Ich sah, wie sie sich ein wenig entspannte. Ihre Augen, deren Pupillen im schwachen Licht weit geöffnet waren, blieben auf mein Gesicht gerichtet, während sie in mein Innerstes hineinsah. Sie hätte vermutlich eine klarere Beschreibung dessen geben können, was dort war, als ich.

»Danke, Alex«, murmelte sie.

»Wofür?« fragte ich unsicher.

»Für die Anteilnahme.«

In ihren Augenwinkeln standen kleine Tränen.

Ich wünschte mir, daß Karen bei uns gewesen wäre. Oder Linda. Sie hätten nach meiner Meinung viel besser Anteil nehmen können. Das war eigentlich nicht mein Gebiet. Es ging nicht um Untersuchung, Analyse und Zählung. Das waren meine starken Seiten. An Einfühlungsvermögen fehlte es mir immer.

»Kämpfen Sie einfach dagegen an«, sagte ich, der Meinung, daß etwas verlangt war, was nach einem Ratschlag aussah. »Sie haben die Kraft. Die Kraft, in die Köpfe der anderen Leute zu blicken – und die Kraft, diese Kraft zu erhalten. Es geht darum, geradlinig zu bleiben. Lassen Sie sich nichts entgleiten. Lassen Sie sich von *nichts* weh tun. Ich werde alles tun, was ich kann, um Ihnen noch eine Chance zu verschaffen. Alles. Aber wenn es nicht dazu kommt . . . tun Sie sich nichts an.«

Sie schloß die Augen. Es war eine Art Signal. Sie ließ mich in

Ruhe . . . sie nahm den Druck weg. Es war eine Gelegenheit, etwas zu denken, das sie nicht sehen würde, aber ich wußte sehr gut, wie bedeutungslos diese Gelegenheit in Wirklichkeit war.

Bei den Salamännern war sie *glücklich* gewesen, erinnerte ich mich. Vielleicht das erste und einzige Mal in ihrem ganzen Leben. Wie tröstlich, unter fremden Wesen zu sein, wenn man frei zu sein vermag von der Doppelsichtigkeit, die einen bei der eigenen Art befällt. Sie erwartete viel von den Wesen auf Delta. Vielleicht allzuviel. Selbst nach einem Erfolg gab es keine Sicherheit dafür, daß sie nicht eine nachteilige Wirkung auf sie haben würden . . . wie die Bewohner von Dendra. Die Salamänner waren Amphibien gewesen – von der Menschheit weit entfernt. Vielleicht gerade weit genug entfernt.

Ich stand auf und berührte sie sanft an der Schulter.

»In Ordnung?« fragte ich.

»Gewiß«, erwiderte sie.

Ich schloß leise die Tür hinter mir und ging zu meiner eigenen Kabine nebenan. Ich mußte mich vorsichtig zum Bett vorantasten – am Boden lag viel herum. Ich ließ mich auf das Bett sinken und griff beinahe automatisch nach einer Probe Meerwasser auf dem Tisch, tauchte eine Pipette hinein, um Tropfen auf eine Reihe von Objektträgern zu geben. Es war nicht eigentlich Arbeit – nur etwas, das mein Gemüt beruhigte und mich auf andere Gedanken brachte.

Es war schon sehr spät, als ich endlich einschlief.

4

Wenn die Funde der ersten ›Dädalus‹-Mission mit unseren bisherigen Feststellungen zusammengefaßt wurden, konnte die Kolonie von Attica als ›normal‹ bezeichnet werden. Die anderen, die wir besucht hatten, waren in der einen oder anderen Weise ›anomal‹ – beeinflußt durch einzigartige Faktoren. Das Muster langsamen und gleichmäßigen Niedergangs – oder zumindest mangelnden Fortschritts –, das wir hier fanden, wiederholte das, was Kilner nicht weniger als viermal entdeckt hatte. Vorausgewarnt durch diese Wahrscheinlichkeit, waren wir mit der Aufgabe betraut worden, herauszufinden, woran es lag. Wir wußten, daß es keine einfache Antwort geben würde.

Vor dem Abflug hatte Nathan mich darauf hingewiesen, die Bedeutung von Attica in unserer Reihe vorgesehener Aufenthalte nicht zu unterschätzen. Wenn wir für die Wiederaufnahme des Weltraumprogramms eine gute Begründung vorbringen wollten, würden wir alle sechs Welten berücksichtigen müssen, die wir besuchen sollten. Manche der Situationen, die wir vorfanden, sahen sehr schlecht aus, andere leidlich gut. Aber jeder der ersten vier Fälle, so erinnerte er mich, war einzigartig. Jeden einzelnen mochte man, wenn man es genau nahm, als untypisch beiseite setzen. Aber nicht Attica. Attica war typisch. Es gab viele Kolonien wie diese. Wenn die Debatte sich festfahren sollte – wenn es um eine ganz knappe Abstimmung ging –, dann mochte unsere Leistung auf Attica durchaus den Ausschlag geben. Hier konnte man unsere Feststellungen verallgemeinern.

Unser gemeinsamer Auftrag bestand darin, herauszufinden, ob das Scheitern solcher Kolonien auf biologische oder soziologische Gründe zurückzuführen war. Und woran es auch liegen mochte, wir sollten einen Aktionsplan präsentieren, der zukünftige Schwierigkeiten derselben Art vermeiden würde.

Es war leicht genug, eine historische Karte des Scheiterns zu beschaffen. Die ersten guten Jahre hatten große Nahrungsmittelvorräte eingebracht – genug, um mehr als die Hälfte der Kolonie für Arbeit einzusetzen, die nicht in erster Linie produktiv war, wie der Bau von Häusern und das Auffinden von Rohstoffen: Kohle, Eisen, Kupfer, Erdöl, Salz und so weiter und so fort. Alle diese Dinge waren zugänglich, und die Kolonisten wußten dank der Vermessungsberichte sogar, wo sie nachsehen mußten. Aber mit bloßen Händen kann man Rohstoffe nicht ausbeuten. Um jeweils einen Rohstoff zu fördern und zu verarbeiten, braucht man die anderen. Um an die Kohle zu gelangen, braucht man das Eisen, und um das Eisenerz zu verarbeiten, benötigt man die Kohle. Man muß sich Schritt für Schritt in die Rückkopplungsschleife hineinschleusen. Zu Anfang ist alles schwierig – selbst die Herstellung von Seife und Ziegelsteinen und Glas und Stoff. Es muß alles mühsam erzeugt werden. Es bleibt viele Jahre hindurch schwierig, aber mit jedem kleinen Sieg wird es ein bißchen leichter und noch leichter und wieder leichter ... und dann steigt der Fortschritt in einer Exponentialkurve an.

Theoretisch.

So war es auf Floria gewesen. So ging es auf Wildeblood. Aber in beiden Fällen hatte der Fortschritt einen Antrieb erhalten – unvorhergesehen und mit verborgenen Haken. Bis jetzt hatten wir keinen einzelnen Fall gefunden, wo der Aufstieg ohne irgendeine Art von zusätzlichem Schub gelungen gewesen wäre.

Die Grundbedürfnisse einer Kolonie sind einfacher Art: Maschinen und Energie. Eisen und Treibstoff. Damit kann man alles andere *erzeugen*, was man braucht. Aber am Anfang hat man nur eine einzige Maschine – Körpermaschinen, menschliche und tierische. Muskelkraft ist die einzige Energiereserve von Bedeutung, die man ausbeuten kann mit jenem Maß an Unterstützung, das man mit Wind, Wasser und brennendem Holz hinzugewinnen kann. Das Ausmaß, in dem Muskelkraft der schwierigen Aufgabe gewidmet werden kann, die ersten Maschinen herzustellen und die ersten Treibstoffvorräte zu finden, wird von einer einfachen Gleichung bestimmt: von der Menge an Arbeit, die erforderlich ist, um genug Nahrung für jede einzelne Person hervorzubringen. Wenn jeder seine volle Arbeitskraft dafür einsetzen muß, nur um seine eigenen Bedürfnisse zu befriedigen, kann es nie Fortschritt geben. Wenn die Arbeitsleistung eines einzigen Menschen genügt, um die Nahrung zu produzieren, die tausend brauchen, dauert es nicht lange, bis der Aufstieg stattfindet.

Zu Beginn war die Nahrungsmittelproduktion der Kolonie leistungsstark. Leistungsstark genug. Aber nach zehn Jahren begann sie zu sinken und sank weiter, als das örtliche Lebenssystem auf die Invasion reagierte. Zu einer Zeit, als mehr und mehr Arbeitskraft Jahr für Jahr zugunsten des Fortschritts hätte freigesetzt werden sollen, mußte Jahr für Jahr mehr Arbeitskraft auf die Bauernhöfe und Felder zurückgeführt werden, um neues Land zu roden und zu bepflanzen, weil das schon gerodete Land schlechtere Erträge brachte, um einen langen, langen Kampf auf dem schon kultivierten Land zu führen. Insektenvertilgungsmittel wurden wichtiger als Eisen; die Auslese von Feldfrüchten, um Stämme zu finden, die mit den Reaktionen des örtlichen Lebenssystems fertig wurden, überragte an Bedeutung die Kohle. Der Kampf ums Überleben von einem Jahr zum nächsten, in allem, was er umfaßte, wurde zum alleinigen Ziel. Der Kampf um den Fortschritt war totgeboren.

Das waren die ökologischen Gründe für das Scheitern.

Aber ökologische Krisen spiegeln sich in gesellschaftlichen Prioritäten wider. Zu Anfang hatte die Kolonie eine wirksame Leitung besessen, die in der Lage gewesen war, die Anstrengungen der gesamten Kolonie zu koordinieren. Sie konnte von den Menschen verlangen, daß sie zum Wohl des Ganzen arbeiteten, und Widerhall finden. Aber als die Bedingungen sich veränderten, wurde das immer schwieriger. Als es den Menschen immer schwerer fiel, für ihren Unterhalt zu sorgen, wurde es immer schwieriger, von ihnen zu verlangen, daß sie für das Ganze statt für sich selbst arbeiteten. Als der Kampf ums Überleben grundlegender wurde, bröckelten die ganzheitlichen Eigenschaften der Kolonie immer mehr ab. Vorrangige Dinge traten zurück, als Menschen aufhörten, für das Ganze zu arbeiten, um unmittelbar für sich selbst oder für die lokalen Gruppen tätig zu werden, wo Zusammenarbeit auf gemeinsamem Land erforderlich war. Da weniger Leute zur Verfügung standen, mußte die Kategorie der Verwaltungskräfte schrumpfen. Die Regierung selbst mußte zerfallen, zumal die Kolonie sich in alle Richtungen ausdehnen mußte, um ständig neues Land bebauen zu können. Die Kolonie zerstreute sich und brach auseinander, jede Gruppe isolierte sich, trieb Handel mit den anderen, blieb vereint aber nur im Mittel des Austauschs, das man gebrauchte.

Mit einfachen Worten: Die Regierung verlor die Kontrolle. Sie konnte die langfristige Entwicklung der Kolonie nicht mehr planen. Sie konnte freie Arbeitskraft nicht mehr nach Wunsch einsetzen, da diese in erster Linie der lokalen Gemeinschaft verpflichtet war. Die Verwaltung, soweit es sie überhaupt gegeben hatte, schrumpfte zahlenmäßig und wurde praktisch ohnmächtig. Man zog Steuern ein, und es gab stets Geld, Personal für bestimmte Projekte zu bezahlen, aber es gab wenig Personal, das man anheuern konnte. Die Verwalter der Kolonie mußten überaus streng auswählen, um zu entscheiden, was geschehen sollte und wann – welche Art von ›gemeinschaftlichen Anstrengungen‹ die Kolonie als Ganzes (als Rest eines Ganzen) unternehmen konnte.

Das war der Grund, warum es in über hundert Jahren nur vier Versuche gegeben hatte, seetüchtige Schiffe zu bauen. Das war der Grund, warum die ›New Hope‹ ein hölzernes Schiff war, das allein vom Wind abhing. Die Kolonie auf Lambda besaß das Wissen und – theoretisch – die Technologie, um ein Schiff aus Stahl mit Dampfantrieb zu bauen, aber es wäre zu kostspielig gewesen, das zu tun. Zu kostspielig, da wegen des außerordentlich geringen Angebots an Arbeitskraft ein außerordentlich geringes Angebot an Material vorlag. Holz war billig, ebenso der Wind. Die Besatzung war es nicht . . . und ebensowenig waren es die Männer gewesen, die das Schiff gebaut hatten.

Wegen des Zerfalls würde es nun sehr lange dauern, die Kolonie wieder zusammenzuführen. Mit der ›Dädalus‹ und ihrem Labor konnte die Regierung der Kolonie bei den landwirtschaftlichen Problemen eine Wende herbeiführen. Wir konnten die Schädlinge bekämpfen, die Feldfrüchte verändern, das Land wieder zum Leben bringen. Aber wir konnten die Denkweise nicht umgestalten, die sich in der Kolonie ausgebreitet hatte. Wir konnten das Gefühl kollektiver Identität nicht wiederherstellen. Wir konnten die Isolierung nicht durchbrechen, die sich in den verstreuten Elementen der Kolonie entwickelt hatte, oder den

Groll, den sie im Hinblick auf die Besteuerung und die ›schmarotzerhafte‹ Verwaltung hegte, die von diesen Steuern lebte. Wenn das Schlimmste überwunden war und die Lage sich besserte, sprach viel dafür, daß jede einzelne Gemeinschaft ihren eigenen Weg gehen würde, daß Mißtrauen und Feindseligkeit zwischen ihnen herrschen würden. Der Fortschritt würde für sich selbst sorgen – Arbeitskraft, die nicht an die Zentralverwaltung ging, würde privaten Unternehmungen zugute kommen. Alles, was verloren sein würde, war das, womit die Kolonie begonnen hatte: Einheit und Zielstrebigkeit.

Und das war schlecht – oder, um den zynischen Standpunkt einzunehmen, es würde der UNO schlecht *erscheinen*. Denn der ganze Sinn, Kolonien von der Erde hinauszuschicken, war es, dem Mißtrauen, der Feindseligkeit und dem Konflikt zu entgehen. Es gab auf der Erde die weitverbreitete Ansicht, daß der Mensch kein Recht hatte, die Galaxis zu verseuchen, bis er seine Probleme auf der Erde gelöst hatte. Wenn wir Beweise dafür mitbrachten, daß die Kolonien unausweichlich alle jene Züge entwickelten, die auf der Erde als Übel galten, würde aus dem Gebäude von Argumenten, mit dem wir versuchen wollten, das Kolonieprojekt wieder in Gang zu bringen, eine tragende Säule herausbrechen.

Ich war im Inneren bereits davon überzeugt, daß die ökologischen Probleme auf Attica gelöst werden konnten. Ich hätte die Voraussage gewagt, daß eine andere ›Dädalus‹ in weiteren hundert Jahren die Kolonie in weit besserer Verfassung antreffen würde, was ihre technologische Entwicklung und ihre landwirtschaftliche Produktion anging. Ich hatte mich schuldig gefühlt, Conrad und Linda so viel von der Arbeit zu überlassen, aber ich hätte es nicht getan, wenn ich nicht davon überzeugt gewesen wäre, daß es keine entscheidenden Schwierigkeiten geben konnte.

Aber Nathan Parrick war nicht im geringsten davon überzeugt, daß die gesellschaftliche Situation zufriedenstellend war oder dazu gemacht werden konnte. Zufriedenstellend für die UNO, heißt das.

»Es ist sehr wichtig, daß diese Reise Erfolg hat«, hatte er am Abend vor der Abfahrt der ›New Hope‹ erklärt. »Wichtig für die Kolonie, aber vielleicht noch wichtiger für uns. Sie wird uns erlauben, in unseren Berichten zu zeigen – und zum gegebenen Zeitpunkt nachzuweisen –, daß die Kolonie noch immer in der Lage ist, als Ganzes zu handeln, daß sie selbst unter widrigen Umständen versucht, ihre Horizonte zu erweitern. Ozeane in hölzernen Schiffen zu überqueren, ist die Art von Geste, die die Menschen zu schätzen wissen – symbolisch für den Sieg über die Umstände. Diese Fahrt besitzt eine heroische Dimension, welche die Regierung ebenso auszuschlachten vermag wie wir. Wenn sie Erfolg hat. Das Scheitern der früheren Fahrten wird ihrem Triumph zusätzlichen Zauber verleihen.«

Er drückte sich immer so aus. Die Symptome eines verdrehten Wertgefühls. Aber ich verstand genug, um zu begreifen, daß das, was er sagte, vermutlich sehr genau zutraf, wie verdreht es auch sein mochte. Für ihn war fast alles, worauf wir stießen, Werbematerial. Pro oder kontra. Die Fahrt der ›New Hope‹ war nicht nur keine Ausnahme, sondern ein Beispiel *par excellence*. Sie war romantisch, nostalgisch, beeindruckend.

»Was möchten Sie, daß wir am anderen Ende finden?« hatte ich trocken gefragt.

»Die fremden Wesen, versteht sich«, sagte er. »Ein neuer Kontinent ist ziemlich gut bis mittelmäßig. Anklänge an Kolumbus . . . das besitzt mythische Untertöne. Aber die fremden Wesen fügen noch etwas hinzu. Sie stellen das Antlitz des Unbekannten dar. Wenn irgend etwas diese Kolonie von ihren verkehrten Prioritäten losreißen kann, dann ist es Kontakt mit fremden Wesen. Nichts anderes wird sie zu einem echten Gefühl gemeinsamer Identität oder Solidarität zurückführen.«

»Vielleicht möchten Sie, daß ich einen Krieg arrangiere?« meinte ich. »Eine Invasion der fremden Wesen in Lambda. Nichts schließt die Menschen so gut zusammen wie ein gemeinsamer Feind, sagt das Klischee. Ein guter Krieg entzündet die nationale Begeisterung wie nichts anderes.«

»Das ist ein dummes Klischee«, erwiderte Nathan. »Der sogenannte nationale Geist, der zu Kriegszeiten hervortritt, ist selbst nichts anderes als ein Mittel der Propaganda. Er ist nicht echt. Er ist eine von der Regierung heraufbeschworene Illusion mit dem Ziel, den Menschen nationalen Geist einzuhauchen. Das letzte, was wir brauchen, ist ein Krieg. Ein Krieg mit den fremden Wesen ist ganau das, was die ›Exportieren-wir-unsere-Sünden-nicht-in-die-Galaxis‹-Brigade braucht, um das Kolonieprojekt für immer zu torpedieren. Und auf einer prosaischeren Ebene: Wenn die fremden Wesen wirklich in Lambda eindringen würden – immer vorausgesetzt, sie besitzen überhaupt eine politische Organisation, die zur Kriegsführung fähig ist –, könnten sie es fast mit Gewißheit ohne große Mühe erobern.«

»Auch das«, sagte ich sarkastisch.

»Was *wir* brauchen«, sagte Nathan, »und was natürlich auch die Kolonie braucht, ist eine Art Symbol friedlicher Zusammenarbeit. Brüderliche Hände, das Meer übergreifend. Eine geistige Begegnung. In dieser Art.«

»Wollen Sie, daß ich einen Friedensvertrag mitbringe und politische Reden halte? Vielleicht eine Friedenspfeife rauche? Geschenke in Form von Elefanten und exotischen Seidenstoffen erhalte?«

»Wenn Sie das fertigbrächten«, sagte er gleichmütig, »ja.«

Mit solchen Vorstellungen – selbst als kitschige Metaphern – waren wir optimistisch abgefahren.

So war die Reise geplant gewesen – eine grandiose Geste, ein Reklameknüller.

Jetzt, zwei Tage von der Küste entfernt, fühlte ich mich bei weitem nicht mehr so gut. Ich fühlte mich überhaupt nicht gut. Ich meldete mich jeden Morgen über Funk und erläuterte die Lage. Abgesehen von der Tatsache, daß sie sich stetig und unwiderruflich verschlechterte, gab es nie viel zu berichten. Nathan hatte schon seit Wochen keine aufmunternden Vorschläge mehr zu machen. Wenn er so eingestellt gewesen wäre, hätte er inzwischen bereits um Wunder gebetet.

Ich erzählte ihm, was wir zur Verkürzung unseres Aufenthalts beschlossen hatten.

»Also keine brüderlichen Hände, die übers Meer greifen«, sagte ich. »Keine Friedensverträge. Wenn wir die fremden Wesen überhaupt zu Gesicht bekommen, heißt es nur kurz ›guten Tag‹ und ›adieu‹.«

»Schon gut«, sagte er. »Retten Sie, was Sie können. Lieber eine Spur von Erfolg als ein völliges Scheitern. Bringen Sie mit, was Sie können, aber kommen Sie um jeden Preis zurück.«

»Aus der ›Meuterei auf der Bounty‹ hat man eine gute Geschichte gemacht«, meinte ich.

»Gewiß«, sagte er. »Aber ›Die Meuterei auf der Santa Maria‹ wäre eine ziemlich düstere Geschichte gegenüber ›Kolumbus entdeckt Amerika‹. Seien Sie vorsichtig.«

»Wenn es nur darauf ankäme«, sagte ich, als ich mich abmeldete.

5

Es klopfte an der Tür, und sie wurde im nächsten Augenblick aufgerissen. Ich war froh, daß sie nach außen aufging – sie hätte allerhand Schaden anrichten können, wenn sie in das Durcheinander hinein aufgestoßen worden wäre.

Der Mann, der sich hereinbeugte und eine große, schwielige Hand ausstreckte, war Ogburn.

»Fernglas«, sagte er mit seiner üblichen Wortkargheit.

Mir fiel eine witzige Antwort ein, aber ich verkniff sie mir. Statt dessen gab ich ihm den Feldstecher.

»Warum?« fragte ich.

Aber er war schon verschwunden.

Ich kam zu dem voreiligen Schluß, daß wir Land in Sicht hatten, und folgte ihm hastig. Eine schwere Last schien von meinem Gemüt genommen werden zu sollen. Aber als ich an Deck kam, war nichts zu sehen als die gefleckte, grüne See. Ogburn balancierte auf der Reling an der Steuerbordseite des Schiffes und hielt sich an einer Schot fest. Er blickte gar nicht nach Westen, sondern nach Norden.

Ich legte die Hand über die Augen, kniff sie ein wenig zusammen und folgte seiner Blickrichtung. Am Horizont war tatsächlich etwas zu erkennen.

Ein schmutzigweißes Dreieck.

Ein Segel.

Ogburn sprang herunter und gab mir mit einer ungewohnt gewandten Bewegung das Fernglas. Ich stellte es schnell scharf ein. Ich sah, daß die Ränder des Dreiecks gewölbt waren und daß das Segel undeutlich an das einer arabischen Dhau erinnerte. Den Rumpf des Fahrzeugs darunter konnte ich nicht sehen. Es fuhr vor uns davon und verschwand hinter dem Horizont.

»Verfolgen wir?« fragte Ogburn.

Ich überlegte kurz. Während ich nachdachte, gesellte sich Nieland zu uns, aufmerksam geworden. Ich gab ihm das Glas und wartete auf seine Reaktion. Es war im Grunde seine Entscheidung.

»Wir müssen in Landnähe sein«, sagte er, als er das Fernglas sinken ließ.

»Das wissen wir bereits«, sagte ich.

»Fahren Sie weiter nach Westen«, sagte er zu Ogburn.

Ogburn machte ein zweifelndes Gesicht. Er schien im Begriff zu stehen, eine scharfsichtige Antwort zu geben, entschied sich aber anders. Ich brauchte noch einige Sekunden, um zu begreifen, was nicht stimmte.

Nieland begriff ebenfalls.

»Aber sie haben doch keine Segelschiffe!« klagte er. »Nur Kanus.«

So stand es wenigstens im Vermessungsbericht.

»Das Erkundungsteam hat Delta nur von der Luft aus überprüft«, erinnerte ich ihn. »Mit den Eingeborenen wurde keine Verbindung aufgenommen. Alles, was man darüber mitteilte, beruhte auf fotografischen Aufnahmen. Und das ist zweihundert Jahre her. Die Segelschiffe könnten ihnen entgangen sein. Es besteht sogar die Möglichkeit, daß das Segel im Lauf der vergangenen zweihundert Jahre entdeckt wurde. Die Zeiten ändern sich.«

»Es war ein großes Boot«, warf Ogburn ein. »Seltsames Segel für ein Fischerboot.«

Es klang nicht gerade begeistert.

»Wie groß?« fragte ich.

»Achtzehn Meter«, erwiderte er.

»Das ist nicht groß«, meinte Nieland. »Nicht im Vergleich zur ›New Hope‹.«

In seiner Bemerkung schwang ein gewisser Besitzerstolz mit. Ich wußte aber, was Ogburn meinte. Im Vergleich mit einem Kanu war es groß. Und die Segelkonstruktion entsprach in der Tat hohen Ansprüchen. In zweihundert Jahren vom Kanu zur Dhau? Wenig wahrscheinlich. Dem Vermessungsteam mußten die Segelschiffe entgangen sein. Es sei denn . . .

»Die anderen Expeditionen«, dachte ich laut. »Sie sind nie zurückgekehrt. Aber das bedeutet nicht, daß sie nie *angekommen* wären . . .«

»Wir sollten hinterherfahren«, sagte Ogburn.

»Es entfernt sich von uns«, sagte Nieland. »Es ist schon nicht mehr zu sehen. Es hat keinen Sinn, es den ganzen Tag zu verfolgen. Gehen wir zuerst an Land, und zerbrechen wir uns den Kopf später darüber.«

Er war sehr ungeduldig. Für ihn war das einzige, worauf es ankam, das Ziel zu erreichen. Ich konnte ihn verstehen – und Ogburn bestand auch nicht auf seinem Vorschlag.

Hinter uns murmelten zwei Matrosen miteinander. Ich kannte sie als Roach und Thayer. Sie machten unfreundliche und ominöse Bemerkungen über das Segel und über uns. Ogburn beachtete sie nicht. Er befahl ihnen nicht einmal, an die Arbeit zurückzukehren. Statt dessen winkte er dem Maat – einem Mann namens Malpighi – und gab ihm das Fernglas, das er Nieland aus der Hand nahm, ohne zu fragen.

»Schicken Sie einen Mann hinauf«, knurrte er. »Ausguck ständig besetzen.«

Malpighi suchte sich Thayer aus. Während dieser mit dem langen Aufstieg am Großmast begann, schlurfte Roach davon. Er warf einen Blick auf mich und sagte: »Würde mich nicht wundern, wenn sie die Flotte holen. Uns aus dem Wasser fetzen. So ist es wohl Verheyden ergangen.«

Das sah nach dem Beginn eines Gerüchts aus, das, wenn auch nicht gerade gefährlich, die Moral der Besatzung kaum heben konnte. Aber ich konnte nichts anderes tun als ihn böse ansehen. Er schickte einen finsteren Blick zurück.

Ich wandte mich Ogburn zu.

»Wenn ich Fischer wäre und so etwas wie die ›New Hope‹ sähe, würde ich ganz schnell nach Hause fahren und den anderen erzählen, ich hätte etwas *so Großes* gesehen«, sagte ich. »Und man würde mir nicht glauben.«

Er lachte nicht.

Ich konnte es ihm nicht verdenken.

Die Versammlung löste sich auf. Nieland begann mit seinem Sextanten die Position nach der Sonne zu bestimmen – sein gewohntes Ritual. Wir fuhren noch immer ungehindert durch den Tang, und der Wind blies von Südwesten, was das Günstigste war, was wir erwarten konnten. Er war frisch genug, um uns zu nutzen. Ich beschloß, ein wenig zu angeln, und ging hinunter, um eine Schnur und ein paar Haken zu holen. Ob ich etwas fing oder nicht, war mir eigentlich gleichgültig.

Der Tag verging in der gewohnt trägen Weise – er dauerte etwa zwei Stunden länger als ein Tag auf der Erde, aber dafür gab es ein paar weniger davon im Planetenjahr, das nur etwa zwei Prozent länger war als das Standardjahr. Inzwischen war ich geübt darin, die Zeit unbeachtet vergehen zu lassen, und es gelang mir, mich zu beschäftigen, während ich mich in den Privatraum meiner Meditationen zurückzog. Ich hatte mich immer schon gern als geistigen Abkömmling Newtons gesehen: ›Ein Geist, der ewig durch fremde Gedankenmeere streift – allein.‹

Ich dachte vor allem über die fremden Wesen nach und fragte mich, warum eine Dhau so weit nach Süden segelte. Die zivilisierteste Region Deltas lag weit im Norden von hier – wir hatten uns bewußt vorgenommen, den Ozean auf dem kürzesten Weg zu überqueren, der uns zur Ausbuchtung am unteren Teil des Kleinbuchstabens *Delta* führte. Hier gab es nichts als Wald, und die Bewohner waren dem zweihundert Jahre alten Vermessungsbericht zufolge Eisenzeit-Urwaldfarmer ohne sehr viel Eisen. Also nicht die Art von Leuten, die plötzlich zu Seefahrern wurden.

Hieß das, daß die fremden Wesen sich rasch entwickelt hatten und sich auf Forschungsodysseen begaben? Oder bedeutete es, daß die Kolonie – ohne es zu ahnen – hier an der fremden Küste eine kleine Tochterkolonie gezeugt hatte, deren Bewohner aus Gründen, die sie selbst am besten kannten, sich um ihre eigenen Angelegenheiten kümmerten, statt den vorherrschenden Wind die gute Nachricht nach Hause tragen zu lassen?

Ich hatte gute Lust, eine Münze hochzuwerfen, aber von Orakeln habe ich nie viel gehalten.

Drei Fische und langes Geschaukel auf fremden Gedankenmeeren später wurde meine Aufmerksamkeit wieder zu den Dingen von unmittelbarer Bedeutung zurückgerissen.

Thayer rief von seinem einsamen, hohen Posten mit einer Stimme, die ebenso stentorisch wie unheilvoll klang, herab: »Ich kann das Ufer sehen!«

Mein erster Gedanke war unsinnigerweise von Enttäuschung bestimmt. Der Dummkopf hatte seine Rolle nicht einstudiert. Jeder weiß, daß man ›Land ahoi!‹ rufen und dann etwas von Backbord voraus hinzufügen muß.

Ich wünschte mir mein Fernglas, aber ich vertrage Höhen nicht, und es schien kein guter Gedanke zu sein, es zu holen. Ich wartete, bis Ogburn Thayer herunterwinkte und es sich geben ließ, dann stieg ich zu ihm auf das Ruderhausdach, wo wir beide unsere Hälse verrenkten, um vom verheißenen Land etwas zu erblicken.

Eine Zeitlang glaubte ich, Thayers Optimismus hätte sich übernommen. Wegen des Tangs war die Oberfläche des Meeres vorwiegend grün mit grauen und braunen Einschüben – von oben mochte sie große Ähnlichkeit mit Sumpfland besitzen –, und es war nicht leicht, an der Linie des Horizonts eine Veränderung in Farbe oder Beschaffenheit wahrzunehmen. Aber vorhanden war sie – ich konnte schließlich den silbrigen Schaum von Wellen erkennen, die sich an Felsen brachen, und dahinter das hellere Grün von Laub.

Nieland kam an Deck und holte sofort seinen Sextanten heraus. Ich war froh, darüber lachen zu können. Selbst Ogburn wurde ein wenig lebhafter als sonst, als er eine Fülle Befehle auszuteilen begann. Nieland bewies, daß er nicht einfach seine Zeit verschwendete, indem er demonstrierte, daß wir uns ganz in der Nähe der Mündung eines großen Flusses befanden, der, wie er sich durch den Wald landeinwärts wand, auf eine beträchtliche Strecke schiffbar sein sollte. Ogburn erklärte sich bereit, auf den Fluß zuzuhalten, und wir erreichten die Mündung am späten Nachmittag. Wir fuhren langsam, und ein Matrose lotete bei jedem Meter die Tiefe, aber der Grund lag tief unter uns, und der Fluß war breit.

Am Nordufer gab es Schlammbänke, nicht von den Gezeiten hervorgerufen (der Mond Atticas war nur ein Fünftel so groß wie der Erdmond), sondern von der Tatsache, daß die Breite des Flusses von den Jahreszeiten abhing. Die Regenzeit lag weit hinter uns für dieses Jahr, und der Fluß war schmaler geworden. Wir fuhren nicht weiter flußaufwärts – kaum eine Meile –, bevor wir ankerten. Wir ließen das größere der Beiboote zu Wasser und führten eine formlose Debatte darüber, wer zu der Gruppe gehören sollte, die – auf Kosten schlammbeschmierter Stiefel – als erste Menschen (soviel uns bekannt war) den Fuß auf den neuen Kontinent setzen würde. Insgesamt waren wir zehn Personen – die vier Passagiere, Malpighi und fünf Mann von der Besatzung. Wir ließen Nieland als ersten aussteigen. Schließlich war das sein Schiff.

Der Tag war warm, aber kaum tropisch. Dafür hatte der Wald hinter der Schlammbank etwas Dschungelhaftes an sich. Er war außerordentlich feucht, weil der Grund eine Neigung zum Sumpfigen aufwies, und die Baumäste waren mit Ranken umschlungen. Lange, spatelförmige Blätter und schlaffe Behänge herrschten vor. Die Baumstämme waren knorrig – ziemlich viele hatten Haare oder Schuppen wie Tannenzapfen. Es roch *muffig*. Sehr viele kleine Vögel hüpften auf den Ästen herum, und ich sah mehrere grüne Schlangen, die sich um die Stiele der Ranken wanden. Zuckmücken schwirrten in Wolken um die seichten Brackwasserpfützen, und der Schlamm schien lebendig zu sein – wenngleich ein Großteil der Bewegung von winzigen Bläschen Sumpfgas herrührte, die an die Oberfläche stiegen, statt von den kleinen, wirbellosen Tieren und Amphibien, die ihn bewohnten.

Ich schüttelte das Geäst eines besonders stark ausgedörrten Baumes und betrachtete den dadurch ausgelösten Insektenregen mit einiger Begeisterung. Zwei Matrosen, die in der Nähe standen, ließen mich über ihre Meinung zu diesem exzentrischen Gebaren nicht im Zweifel.

Ich fand eine Echse mit spatenförmigen Saugfüßen an einer Baumrinde haften und sich für einen Baumvorsprung ausgeben; ich löste sie ab. Sie wand sich verzweifelt und ließ die lange, schwarze Zunge heraushängen. Der Mund war zahnlos, der obere Gaumen aber von rauhen Knochenrippen überzogen, die durchaus geeignet waren, die Insekten zu zerquetschen, von denen sie lebte. Ich ließ sie laufen.

Es herrschte ein ständiges Geschnatter, das man – obwohl es in der Hauptsache von den Vögeln und anderen Flugwesen herrührte – nicht als ›Gesang‹ beschreiben konnte. Es war alles Klikken und Rasseln, Glucksen und Krächzen mit nur gelegentlich einem halberstickten Pfeifen.

Die Anordnung der Bäume war unregelmäßig – sie neigten dazu, in kleinen, dichten Gruppen und Dickichten zu wachsen, mit Lichtungen dazwischen, wo entweder hüfthohe Büsche und Röhrichte den Platz einnahmen oder feuchter Sand, der ziemlich bedrohlich aussah. Die Besatzung brauchte keine Warnung vor ziellosem Umherlaufen – die Leute zeigten wenig Neigung, sich mehr als einige Meter von der festen Außenkante der Schlammbank zu entfernen. Es gab vereinzelt Bäume, die sehr viel höher wuchsen als die übrigen, ihre Kronen prächtig ausbreiteten und Schattenoasen bildeten, wo Pflanzen von anderer Art wuchsen – fleischige Exemplare und Flechtenkrusten.

Für menschliche Bewohnung gab es keine unmittelbar auffallenden Anzeichen.

Ich nahm Nieland beiseite.

»Wir müssen ein Stück flußaufwärts gehen, bevor wir uns einen Lagerplatz aussuchen können. Ich glaube nicht, daß es viel Sinn hat, mit der ›New Hope‹ heute abend noch weiterzufahren. Wir füllen die Wassertanks aus dem Fluß – ich prüfe das Wasser auf Trinkbarkeit, und im Notfall können wir es sterilisieren. Die Besatzung kann sich waschen – und wir können dasselbe tun. Wenn die Männer hier an Land gehen wollen, können sie das, aber sagen Sie ihnen, sie sollen in der Nähe bleiben und immer zu zweit gehen. Die Aussicht ist nicht gerade einladend, so daß es kaum Widerspruch geben dürfte. Fragen Sie Osburn, ob Sie und ich mit dem kleinen Ruderboot flußaufwärts fahren können – sagen Sie ihm, daß wir die Umgebung erkunden und einen Lagerplatz suchen wollen. Ich möchte mich einfach umsehen. Ich rechne nicht damit, Eingeborene zu treffen, aber wenn wir welche sehen, halten wir Distanz. Mariel wird auch mitkommen wollen.«

Nieland entfernte sich, um die Sache mit Ogburn zu besprechen. Es würde keine Schwierigkeiten geben – das Ganze war nur vernünftig.

Mariel tauchte neben mir auf. Der Ausdruck auf ihrem Gesicht verriet leichten Widerwillen.

»Nicht sehr hübsch«, meinte sie. »Es ist doch nicht alles so, oder?«

Ich schüttelte den Kopf.

»Flußaufwärts wird es viel sauberer sein. In der Regenzeit wird hier fast alles überschwemmt. Das Hochwasser bringt viel organischen Abfall mit und deponiert ihn hier, da ihn das Rankennetz einfängt. Deshalb gibt es hier so viel Leben . . . nicht zu reden vom leichten Fäulnisgeruch.«

»Nur gut, daß die Fliegen kein Menschenblut bevorzugen«, sagte sie mit einem Blick auf die Wolken winziger Insekten.

»Hier gibt es nichts, was für uns gefährlich ist«, sagte ich. »Außer Giftschlangen und ein, zwei Stachelwesen. Aber jeder ist so vernünftig, Dingen mit Fangzähnen und Stacheln aus dem Weg zu gehen. Das Wasser ist zum Baden geeignet.

Nieland kam zurück und sagte: »Wir können das Boot nehmen. Er hat sogar Roach zum Rudern abkommandiert.«

Diese zweite Nachricht nahm ich eher mit gemischten Gefühlen auf, aber bei gründlicherer Überlegung hielt ich das für eine gute Idee. Ich bin kein guter Ruderer, und wir würden gegen die Strömung fahren. Roach war ein kräftiger Mann mit Armen wie ein Gorilla.

Wir machten uns ohne weitere Verzögerung auf den Weg – ich war froh, das Schiff hinter mir lassen zu können, und die Besatzung hatte ohne Zweifel nichts dagegen, uns loszuwerden. Von uns vieren war Ling ohne weiteres der Beliebteste – es würde ihnen nichts ausmachen, wenn er dort blieb.

Nieland saß im Bug und blickte nach vorn, dahinter saß Roach mit dem Gesicht zu Mariel und mir. Wir konzentrierten uns beide stark auf die Ufer an beiden Seiten. Zuerst war das südliche Ufer kaum sichtbar, aber bald rückte es heran. Es war steiler als das Nordufer, mit unebenen Felswänden, die fast auf ganzer Länge senkrecht emporragten. Offensichtlich wurde das Gelände im Süden selbst auf dem Höhepunkt der Regenzeit nicht überflutet. Das Land im Norden blieb flacher und mit Sumpfvegetation bestückt, obwohl es dahinter steiler anstieg, mit langen, schrägen Wänden aus glattem Gestein, unterbrochen von Spalten und Ritzen, wo verfilztes Gras wuchs. Der Fluß strömte langsam und tief und hatte offenbar über viele Jahrhunderte hinweg ein tiefes Bett ausgeschliffen.

Mariel ließ die Hand durch das Wasser gleiten – das Ufer auf ihrer Seite war um vieles weiter entfernt als auf meiner Seite, so daß dort wenig zu sehen war.

»Nicht«, sagte ich.

»Warum nicht?«

»In Flüssen sind gewöhnlich Wesen, die sie abbeißen«, sagte ich. Ich deutete auf lange, graue Umrissen, die an den flachen Steinböschungen des Nordufers in der Sonne lagen.

»Krokodile?« sagte sie.

»Etwas in der Art«, erwiderte ich. »Eigentlich Säugetiere – Aas- und Fischfresser mehr als Raubtiere, aber wenn sie etwas Bleiches durchs Wasser gleiten sehen, das wie tot aussieht ...«

»Schon verstanden«, sagte sie und trocknete sich die Hand am Ärmel ab.

»Im Meer hier vor der Küste gibt es Raubreptilien«, sagte ich. »Eher Schlangensaurier – in kleinem Maßstab – als Krokodile. Sie kommen vielleicht auch flußaufwärts – jedenfalls bis hierher.«

»Ich kann verstehen, warum die Kolonie auf Lambda errichtet worden ist«, meinte Nieland.

Ich sah Roach argwöhnisch ins Wasser starren.

»Sie tun uns nichts, solange wir vorsichtig sind«, sagte ich.

»Sie haben gesagt, daß man hier baden kann«, erinnerte mich Mariel.

»Die schlangensaurierartigen Wesen haben kleine Köpfe«, erwiderte ich beruhigend. »Sie leben zumeist von Fröschen und dergleichen. Nichts, was es hier gibt, würde einen Menschen als natürliche Beute betrachten. Eine vereinzelte Hand, die durchs Wasser gleitet, ist eine andere Sache.«

Nieland hustete und spuckte. Er nahm etwas aus dem Mund und wischte es an der Bordkante von den Fingern.

»Mir ist ein Insekt in den Hals geraten«, erklärte er.

»Warum stechen sie nicht?« fragte Roach. »Die zu Hause tun's.«

»Das werden sie auch hier tun, wenn sie Gelegenheit bekommen, sich an Menschen zu gewöhnen«, sagte ich. »Das Menschenblut bietet ihnen ebensoviel Nahrung wie uns das, was hier wächst. Aber es ist ihnen fremd. Sie werden Zeit brauchen, sich anzupassen und daran zu gewöhnen. Im Augenblick riechen wir alle fremd. Genießen Sie Ihre Immunität, solange sie anhält.«

Ich wußte, daß sie noch ziemlich lange anhalten würde. Es bedurfte etwa zehn Jahre ständigen Zusammenlebens, bevor die Probleme der wechselseitigen Anpassung ihre häßlichen Häupter erhoben. Wie die Kolonie anhand bitterer Erfahrung schon erlebt hatte.

Am Boden, schräg unter dem Sitz, lag mein Gewehr. Es war mit drei Magazinen ausgestattet, aber alle waren mit Narkosepfeilen geladen. Ich ging mit gutem Beispiel voran. Das Schiff besaß ein eigenes Arsenal mit etwa einem Dutzend Flinten. Ich hoffte, daß die Waffen an Bord bleiben würden, vor allem deshalb, weil ich unbedingt vermeiden wollte, daß die erste Begegnung der fremden Wesen mit Menschen einen schreckhaften Matrosen betraf, der mit einer Flinte bewaffnet war. Leider argwöhnte ich, daß die Besatzung der ›New Hope‹ ihre Sicherheit an Land nicht ausschließlich einem Fremden mit einer Waffe anvertrauen würde, die kleine Nadeln verschoß.

Wir hielten schließlich an und befestigten das Boot an einem Baum auf einer Insel mitten im Strom. Sie war nur dreißig mal zehn Meter groß, wirkte aber sehr eindrucksvoll, hauptsächlich wegen ihrer Höhe. Ihre Seiten waren ab der Wasseroberfläche glatte, steile, etwa drei bis vier Meter hohe Felswände, dann waren sie überzogen von Flechten, abgesehen von einer sternförmigen Vertiefung in der Oberseite, wie in der Krone eines Backenzahnes, wo eine Vielzahl blühender Pflanzen wuchs. Es war nicht leicht, hinaufzuklettern, aber wir schafften es mit Hilfe einer schräg verlaufenden Spalte, die sich an der Südseite des Felsens hinaufzog, und von zwei zähen Kletterpflanzen darin. Die Triebe hätten sogar Ogburns Gewicht ausgehalten.

Als wir oben waren, konnte ich mich auf den ›Gipfel‹ setzen und über das schwach gewellte Wasser des breiten Stroms hinausblicken. Wir hatten zu viele Biegungen hinter uns, um die

›New Hope‹ noch sehen zu können, aber das störte mich nicht im geringsten. Was ich sehen wollte – oder zumindest zu sehen versuchte –, war der Wald. Von unten, vom Wasser aus, hatten wir sogar zu den Wurzeln der Bäume am Ufer hinaufgeblickt.

Selbst von meinem Aussichtspunkt auf dem großen Zahn war ich kaum in der Lage, über die riesigen, grünen Paläste des großartigen Waldes hinwegzublicken, aber ich konnte ein ganzes Stück weit über die Kronen der näher stehenden Bäume sehen. Was ich suchte, war Rauch.

Ich ließ den Blick am Nordufer – dem näheren – ohne Erfolg entlanggleiten. Dann entdeckte ich weit im Süden einen grauen Fleck, der sich ins dunkle Blau des Himmels erstreckte. Wenn der Tag bewölkt gewesen wäre, hätte ich ihn vermutlich nicht erkennen können.

Ich zeigte ihn Mariel.

Kilroy war wirklich hier.

Wir betrachteten den Rauch einige Minuten lang stumm. Es gab eigentlich nichts zu sagen. Aber ein Gedanke nagte unausgesprochen an mir. Wer immer an diesem Lagerfeuer sitzen mochte, gehörte nicht zu den Leuten, die im Tanggürtel mit Dhaus herumsegelten. Wenn Urwaldbauern fischen gehen, dann benützen sie Angelschnüre am Fluß. Wir hatten nicht einmal ein Kanu so weit herauf vom Meer kommen sehen.

Roach äußerte Zweifel darüber, ob wir uns hier am Horizont so abzeichnen sollten. Ich wies darauf hin, daß wir von der Felskrone aus eine ganze Armee niederhalten konnten – selbst wenn sie mit einem kleinen Schlachtschiff ausgerüstet wäre. Er wußte nicht zu schätzen, daß ich Späße machte.

»Es ist ein weiter Weg zurück zum Schiff«, beklagte er sich.

»Na ja«, sagte ich, »wenn die Meerjungfrauen einen Hinterhalt legen, müssen wir uns einfach durchkämpfen.«

Ich bedauerte das sofort als eine unnötig aufreizende Bemerkung, aber es war schon geschehen. Ich nahm mir vor, in Zukunft diplomatischer zu sein.

»Wenn fremde Wesen in der Nähe sind«, sagte Nieland vernünftiger, »könnten sie das Boot vom Wald aus jederzeit beobachtet haben. Und die ›New Hope‹ ist nicht unauffällig. Wir versuchen nicht, uns vor ihnen zu verstecken.«

Roach gab nur einen Brummlaut von sich. Er trat an die Felskante und spuckte tief hinunter ins Wasser.

»Wir fahren besser zurück«, sagte ich. »Wir müssen das Schiff flußaufwärts bringen. Wir müssen vielleicht noch eine oder zwei Meilen fahren, bevor wir einen geeigneten Platz für den Stützpunkt finden. Es hat keinen Sinn, mit einem Ruderboot ins Innere vordringen zu wollen.«

Roach schien sich über die Entscheidung zu freuen.

»Wir brauchen unseren Schlaf«, sagte Nieland bestätigend. »Morgen beginnt die Arbeit.«

Dieser Gedanke schien Roach nicht zu erfreuen.

»Wir könnten uns eine andere Insel suchen«, schlug er vor. »Eine etwas größere. Zur Sicherheit.«

Ich begann schon die Rinne hinabzuklettern und gab mir nicht die Mühe, ihm zu antworten. Mariel folgte mir.

Auf dem Rückweg zum Schiff suchten Roachs Augen unablässig den Wald über uns ab, forschten in den Schatten nach etwas, wovor sie sich fürchten konnten, nährten seine eigenen ungeformten Ängste.

Ich wußte, daß unsere argwöhnischen Vorahnungen gerechtfertigt waren. Die Besatzung würde *nicht* glücklicher sein, nachdem wir unser Ziel erreicht hatten.

Wenigstens wird ihnen die Arbeit an einer großen, massiven Palisade nicht zuviel sein, dachte ich.

6

Am nächsten Tag fuhren wir mit der ›New Hope‹ stromaufwärts. Es erwies sich als nahezu unmöglich, gegen die Strömung gut voranzukommen, so sanft sie auch war, und am Ende kamen wir nicht weiter als bis zu dem zahnförmigen Felsen, den wir am vergangenen Abend mit dem Ruderboot erreicht hatten. Wir suchten uns eine Stelle aus, an der eine vergleichsweise flache Böschung zum nördlichen Felsufer führte, und fanden eine natürliche ›Treppe‹, über die es leicht zu bewältigen war. Oben gab es eine Fläche von losem Gestein und Gestrüpp und vielleicht fünfzig Metern Gebüsch und Gras ohne große Bäume, bevor der eigentliche Wald begann. Es sah so aus, als würde man das Gelände leicht roden können, ohne mehr als Macheten zu benötigen.

Und so begann die Arbeit. Die Besatzung machte kurzen Prozeß mit dem Ausreißen der Büsche und dem Mähen der hohen Gräser, und bis Mittag hatten wir ein halbes Dutzend Zelte aufgestellt. Am Nachmittag begann die schwerere Arbeit, als die Männer sich daran machten, Bäume zu fällen, um rund um das Lager ein Pfahlwerk zu errichten. Zuletzt, so sah der Plan vor, würden wir noch viel mehr Holz fällen und Hütten bauen.

Die Äxte und Sägen machten einen Höllenlärm, und wenn die Bewohner uns nicht schon mit unserem hohen Schiff den Fluß hatten heraufkommen sehen, würden sie am Ende des zweiten Tages ganz gewiß von unserer Gegenwart erfahren haben. Es hätte schlimmer sein können – wir hatten im Laderaum eine Kiste Dynamit, mit dem wir eine Lichtung freigesprengt hätten, wenn das notwendig gewesen wäre. Dynamit – Nitroglyzerin in weicher Kieselerdemasse – war einer der ersten technologischen Fortschritte der Kolonie auf Lambda gewesen. Es ist ein sehr leichter Schritt. Leider taugt er nicht viel als Grundstein der Zivilisation.

Trotz meiner Proteste hatte Ogburn ein halbes Dutzend Gewehre aus dem Arsenal verteilt. Er bestand darauf, daß zwei

Männer – oder Frauen – ständig als Wachen aufgestellt wurden (so daß unser Arbeitstrupp um mehr als fünf Prozent verkleinert wurde), während man für die vier anderen Schußwaffen griffbereit zurechtlegte. Das ganze Unternehmen wurde überwacht von Nieland und Ling in Zusammenarbeit mit Ogburn. Es war keine glückliche Zusammenarbeit.

Als alles halbwegs gut zu laufen schien und es mir gelungen war, das meiste meiner Ausrüstung aus der engen Kabine auf dem Schiff in das nicht ganz so enge Zelt über dem Ufer zu verfrachten, wies ich die Aufseher darauf hin, daß es Zeit wurde, Vorräte aus dem Wald zu beschaffen. Sie stimmten bereitwillig zu, da sie geraume Zeit von den Rationen der ›Dädalus‹ gelebt hatten (eine eher unappetitliche Ernährung, wenn man nicht daran gewöhnt ist). Ich bat um drei Matrosen, weil wir ja schließlich alle einmal lernen mußten, für Nahrung zu sorgen, und je schneller ein paar Leute von der Besatzung die Arbeit zu übernehmen vermochten, desto eher konnte ich aufhören, als Führer und Lehrer zu fungieren. Nach einigem Handeln bekam ich zwei Mann: den offiziellen Koch (eine der Frauen) und Roach. Ich hielt Roach in diesem Fach zwar eigentlich nicht für belehrbar, aber Ogburn schickte ihn kraft seiner Erfahrung im Umgang mit Schußwaffen mit. Die Aussicht auf frisches Fleisch war etwas, das Ogburn behagte. Ling kam ebenfalls mit.

Das Erkundungsteam war nur kurz auf Delta gelandet und hatte sich nur oberflächlich umgesehen. Man hatte die fremden Wesen gemieden und die eigentliche Vermessung aus der Luft vorgenommen. Der Bericht über die Produkte des Waldes war deshalb ein wenig kärglich . . . und wegen der langen Isolierung der beiden Kontinente und der praktisch voneinander unabhängigen Entwicklungsgeschichte, die sie durchgemacht hatten, war es nicht möglich, auf Lambda gewonnene Erfahrungen in mehr als höchst allgemeiner Weise anzuwenden. Das hieß, daß wir zum Teil improvisieren mußten, wenngleich ein großer Teil der Ausrüstung, die ich mitführte, dem Zweck diente, auf Nährwert und Gifte zu untersuchen. Das einzige, dessen wir vor dem Beginn des Streifzugs praktisch sicher sein konnten, war, daß alles Wild, das wir würden schießen können, eßbar war.

Ich nahm mein eigenes Gewehr mit, nicht weil ich Roachs Zielsicherheit nicht traute (ich hatte allerdings meine Zweifel), sondern weil es eine zivilisiertere Waffe zu sein schien. Und wenn etwas Gefährliches auftauchte, wollte ich mich nicht ausschließlich auf einen Mann und eine ziemlich primitive Flinte verlassen. Ich hoffte, daß wir auf keine fremden Wesen stoßen würden, bis sich eine günstigere Gelegenheit ergab.

Wir markierten unterwegs Bäume, um sicher zu sein, daß wir den Rückweg finden würden.

Früchte und Nüsse sind in Wäldern nicht so häufig, wie allgemein angenommen wird . . . vor allem nicht in Wäldern voll früchtefressender Vögel. Selbst wenn man sie findet, sind sie nicht immer leicht zu erreichen. In der ersten guten halben Stunde nahm ich ziemlich häufig Proben, mehr aus wissenschaftlichem Interesse, als weil ich der Meinung gewesen wäre, viele davon könnten nützliche Nahrung darstellen, aber nach einer Weile begann die Neugier um der Neugier willen abzuflauen, und ich fing an, gründlicher nach aussichtsvollen Gewächsen zu suchen. Inzwischen wurde Roach immer ungeduldiger. Vielleicht hatte er erwartet, kleine Rehe oder große, dicke Vögel hinter jedem Gebüsch lauern zu sehen. Unsere Gangart ärgerte ihn. Er wollte viel schneller vorankommen und seine Beute mit zielstrebiger Entschlossenheit verfolgen. Er hielt sich für einen großen Jäger und fand, daß wir anderen ihn behinderten.

Schließlich begann er, sich von uns zu entfernen – ein wenig voraus oder seitwärs. In regelmäßigen Abständen blieben Ling, die Köchin und ich stehen, um über irgendeine Gemüsepflanze zu diskutieren, ihr Vorkommen, ihre Erkennbarkeit und ihren möglichen Nutzen. Bei anderen Gelegenheiten gruben wir Wurzeln auf der Suche nach Knollen und anderen Speicherorganen aus. Diese Pausen betrachtete er als seine Gelegenheit, Beute zu erlegen. Ich sagte nichts dazu. Er hätte es nicht freundlich aufgenommen, und ich konnte mich wirklich nicht dazu aufraffen, großen Anteil daran zu nehmen, ob er sich verirrte oder nicht.

Es war Fügung für ihn – und uns –, daß *wir* das Fleisch fanden, als er auf einer seiner Mini-Expeditionen unterwegs war.

Wir hatten ein Dickicht erreicht und untersuchten die Beeren dort, als wir im Inneren ein Wimmern hörten. Ling zerteilte das Gebüsch und trat in das dichte Unterholz, bevor ich etwas sagen konnte. Dann schob er das Laub auseinander, so daß wir hineinblicken konnten. In einem ›Nest‹ aus verfilztem Gras lag eine Gruppe kleiner Säugetiere. Sie glichen Schweinen oder großen Rattenjungen. Ihre Augen waren offen, und sie konnten sich bewegen, aber sie unternahmen keinen Fluchtversuch. Sie holten nur Luft und schrien, so laut sie konnten. Das war zwar nicht sehr laut, aber ein dünnes, durchdringendes Geräusch.

»Nicht!« sagte ich, als Ling nach einem der Tiere griff. Ich nahm mein Gewehr von der Schulter, weil ich wußte, was geschehen würde.

»Zurück«, sagte ich. Zu mehr blieb mir keine Zeit.

Sie stürzte aus dem Unterholz auf unserer rechten Seite mit voller Geschwindigkeit. Sie hetzte durch das offene Gelände. Sie war etwa so groß wie ein Schäferhund mit nagetierartigem Kopf und einem Körper, der mich an ein Tapir erinnerte, braun-weiß gestreift.

Sie kam geradewegs auf mich zu, und ich traf sie zwischen die Augen. Wenn man Geschosse verfeuert, ist das keine schlechte Stelle, aber Narkosepfeile sind nicht dazu gedacht, Schädel zu durchdringen. Sie rannte weiter und zuckte nicht einmal.

»Aus dem Weg!« schrie ich.

Die Köchin konnte sich ungehindert bewegen und tat es – nach links davon. Ich sprang nach rechts, nach dem Grundsatz, daß man den Gegner verwirren muß. Aber Ling war noch im Gebüsch und konnte sich überhaupt nicht bewegen.

Ich feuerte noch einmal und traf sie diesmal in der Flanke. Das würde sie zu Boden schicken, aber ein weiterer Nachteil von Narkosepfeilen ist, daß sie nicht augenblicklich wirken. Ling wäre in Bedrängnis geraten, wenn das Tier ihn erreicht hätte, aber die Frau hieb mit dem Ranzen, in dem wir unsere Souvenirs gesammelt hatten, auf die Kreatur ein. Die Tasche war schon ziemlich schwer und traf das Schweinewesen an der Schnauze. Das Tier änderte sofort die Angriffsrichtung und stürmte nach links. Die Köchin war aus dem Gleichgewicht geraten, und ich tat das einzige, was mir einfiel – wenngleich es mir im Rückblick nicht als besonders angemessene Reaktion erscheint. Ich ließ alles fallen und hechtete vorwärts, um den Schwanz mit beiden Händen zu packen.

Nun wurde das Tier wirklich wütend. Es trompetete seinen Zorn hinaus, fuhr herum und stürzte sich auf mich. Zum Glück traf es mich, da der ganze Vorwärtsschwung verbraucht war, nicht sehr hart. Es rammte mich an der Schulter, gebrauchte aber seine Zähne nicht. Ich hieb ihm die Faust auf die Schnauze.

Das Tier schien sich plötzlich daran zu erinnern, was es überhaupt hierhergeführt hatte, und wurde wieder zu einer Mutter, die herbeistürzt, um ihre Jungen zu schützen. Sie gab wieder einen Trompetenstoß von sich – diesmal einen eher klagenden – und versuchte, das Nest im Dickicht zu erreichen.

Es war zu spät. Die Droge wirkte endlich, und sie fiel bewußtlos um. Ich beugte mich über sie und zog den ersten Pfeil aus ihrem Kopf. Sie lag auf dem zweiten.

Dann erschien verspätet Roach und schwang sein Phallussymbol.

Ich rieb meine Schulter, die ein wenig geprellt war, und ignorierte ihn. Er blieb nicht stehen, bis er unmittelbar vor mir stand, und als ich den Kopf hob (ich lag immer noch am Boden), stellte ich überrascht fest, daß er zornig war. Die Tatsache, daß er nicht dabeigewesen war, hatte ihm die Galle hochgetrieben. Als ich mich langsam aufraffte, ebbte die Wut ab. Er zog ein Messer aus dem Gürtel und sah sich um.

»Was suchen Sie?« fragte ich.

»Eine Stange«, sagte er. »Wir schneiden einen dünnen Baum ab, binden ihr die Füße zusammen, nehmen die . . .«

»Ich kenne die Theorie«, sagte ich. »Aber diesmal nicht.«

»Was?« Er hielt das Messer so, als könne er es nicht erwarten, es in irgend jemanden hineinzustoßen.

»Die nicht«, sagte ich. »Wir lassen sie in Frieden. Sie wird wieder wach.«

»Sie sind verrückt!« sagte er.

»Es ist nicht sportlich«, sagte ich ruhig. »Eine Mutter mit ihren Kleinen. Wir sind nicht darauf angewiesen. Wir können uns zum Essen etwas anderes schießen.«

Er öffnete den Mund, um etwas zu sagen, und überlegte es sich anders. Statt dessen sagte er – in einem Ton, den er wohl für vernünftig hielt: »Wir nehmen alle mit. Damit wird die ganze Besatzung satt. Wir haben überhaupt nichts anderes gesehen.«

Ich wollte nicht streiten. Ich wußte sehr wohl, daß wir keine gemeinsame Gesprächsgrundlage hatten.

Ich sagte einfach: »Nein.«

»Warten Sie«, sagte Ling. »Ihr Zartgefühl in allen Ehren, aber eine gute Mahlzeit für uns alle . . . es ist die erste seit langer Zeit. Wir haben Anspruch darauf.«

Auf seine Art hatte er recht. Auf Attica waren meine Skrupel bedeutungslos. Aber ich kam von der Erde, wo die Arbeit eines Ökologen oft ein langer, langer Kampf darum ist, Arten zu erhalten, die von einem Wertsystem bedroht werden, das keinen Platz für sie hat. Meine Vorurteile waren durch die Erfahrungen vieler Einzelauseinandersetzungen tief geprägt.

Ich zögerte, versuchte alles abzuwägen, wußte, daß ich nach allen Regeln der Diplomatie meine Vorurteile beiseite setzen sollte.

Roach ließ mir keine Gelegenheit, taktvoll nachzugeben. Er schwenkte die Mündung seiner Waffe einfach zum Nacken des schlafenden Tieres und drückte ab.

Der Schuß hallte von allen Seiten des Waldes wider.

»Jetzt ist es tot«, sagte er höhnisch.

Der Jähzorn flutete in mir hoch, und ich spürte einen unbeherrschbaren Drang, ihm den Kolben meiner eigenen Waffe ins Gesicht zu schmettern. Er beobachtete mich, und ich wußte, daß er nur auf die Gelegenheit wartete, zuschlagen zu können. Wir waren ganz eingestellt auf eine Schlägerei, die ich nicht gewinnen konnte.

Ein Neuauftritt rettete mich. Es war nicht die US-Marineinfanterie, die auf den Plan trat, uns vor uns selbst zu retten. Es war Papa, der uns alle umbringen wollte.

Ich wußte nicht, ob ich ihn als Bullen oder Eber bezeichnen sollte, aber wie auch immer, er hatte die Größe eines kleinen Esels und war außer sich vor Wut. Im Gegensatz zu seiner Ex-Gemahlin besaß er einige sehr nützliche Waffen an seinem Schädel – um genau zu sein, sechs an der Zahl. Es waren gebogene Stoßzähne in zwei Reihen entlang der Schnauze. Sie sahen aus wie Instrumente, die von der Evolution zum Aufschlitzen entwickelt worden waren.

Er kam wie ein Panzer durch die Lichtung. Ich sah ihn über Roachs Schulter, ließ mich auf ein Knie fallen und riß meine Waffe hoch. Ich drückte nicht ab, weil Roach einen Stiefel auf meine Brust hob und mir einen Tritt gab. Ich erfuhr nie, ob er den angreifenden Eber gesehen hatte oder nicht. Vielleicht wollte er sich mit mir anlegen, vielleicht mich nur wegstoßen, damit *diese* Beute allein ihm gehörte.

So oder so, Roach fuhr herum und hob seine Waffe. Er hatte noch einen Schuß zur Verfügung und drückte ab. Es war zu spät. Der Eber war zu schnell, und der Schädel mit den Stoßzähnen fuhr mit einer bösartigen seitlichen Drehung direkt in Roachs Lendengegend.

Er kreischte – und kreischte wieder.

Ich lag flach auf dem Rücken, und das Tier hätte mich mit einem einzigen Sprung und einem Stoß der Hauer erledigen können, aber Roachs Schuß hatte das Schrot in Rücken und Kopf gejagt, und es war nicht in der Stimmung für Taktik. Es stieß wieder nach Roach, schlitzte ihm den Bauch auf und rieß seine Eingeweide heraus, daß er zusammenbrach, noch immer kreischend.

Ling und die Frau rannten zu den Bäumen. Ich hob das Gewehr und feuerte drei Pfeile in einer Salve ab. Es gelang mir, auf die Beine zu kommen, und endlich ließ die Bestie Roach in Frieden und griff mich an. Ich stieß den Gewehrkolben nach ihrem Schädel und traf sie voll. Sie taumelte und stürzte auf die Knie – nicht wegen der Wucht meines Schlages, sondern weil der Schrotschuß und die Pfeile zu wirken begannen. Ich hieb noch einmal zu. Das Tier überschlug sich.

Ich setzte mich auf den Boden, plötzlich außer Atem.

Ling und die Frau kamen langsam zurück. Ich nahm Roach die Waffe aus der toten Hand und gab sie der Frau.

»Gut«, sagte ich, ohne auf ihre entsetzten Gesichter zu achten, »jetzt haben wir die ganze Familie. Ein richtiges Bankett. Soviel zum Zartgefühl.«

Ich tastete mich nach Verletzungen ab. Ich fand keine. Aber ich zitterte ein bißchen.

Die vier Jungen wimmerten noch immer hoffnungslos. Der Instinkt sagte ihnen, daß dies das Richtige sei. Soviel zum Instinkt.

Überall war Blut. Tierblut, Menschenblut.

»Gehen Sie zum Lager zurück«, sagte ich. »Schnell. Holen Sie Leute. Wir brauchen jetzt drei Stangen.«

Die Frau weinte. Sie kniete vor Roach und weinte. Das schokkierte mich ein wenig. Sie war fast fünfzig, mit grauen Haaren und einem Gesicht, das aus Granit gemeißelt zu sein schien. Ich konnte nicht sagen, ob es Trauer oder Schock war, was die Tränen hervorrief. Dann sah sie mich an, und in ihren Augen flammte Haß. Ich konnte Augenblicke lang nicht verstehen, warum. Ich begriff einfach nicht, wie sich in ihr alles zu meiner Schuld addierte. Für mich lag alles an Roach. Aber so sah sie das nicht. Es war Roach, der tot war, Roach, den sie beweinte. Ich hatte den Streit ausgelöst. Alles Wenn und Aber, alle Logik der Situation bekümmerten sie nicht. Es kümmerte sie nicht, daß Roach sich die Zeit genommen hatte, mich wegzustoßen, damit ich das Tier nicht niederschießen konnte. Alles war meine Schuld, und damit hatte es sich.

Einen Tag an Land und schon ein Toter.

Ich wußte sehr gut, daß eine gute Mahlzeit das nicht ausgleichen konnte. Es stand schlecht und wurde immer schlechter.

7

Am Abend gab es unser Festmahl. Jeder Bissen erinnerte uns an Roach. Wir hatten ein ordentliches Tagewerk geleistet, aber das schien jetzt nicht zu zählen.

Ich rief anschließend Nathan und erzählte ihm die ganze traurige Geschichte. Ich mußte sie ein wenig falsch dargestellt haben, denn sogar er gewann aus irgendeinem Grund den Eindruck, daß ich die Schuld trug.

»Sie sollten lieber beten, daß sonst nichts mehr schiefgeht«, sagte er, »und Sie sollten beten, daß die Erinnerung schnell verblaßt. Wenn es etwas gegeben hat, das Sie tun konnten, um diesen Ausflug noch mehr zu verpfuschen, als das schon der Fall ist, dann war es das. Sie sind weit weg von jeder Hilfe, Alex. Denken Sie daran. Alles hängt an Ihnen.«

»Danke«, sagte ich. »Herzlichen Dank.«

Nur die halbe Besatzung entschied sich dafür, die Nacht an Land zu verbringen. Die anderen kehrten in ihre Kojen unter Deck zurück. Ogburn stellte die Nacht hindurch drei Wachen in Vier-Stunden-Schichten auf. Ich rechnete wirklich damit, daß die Eingeborenen sich jeden Augenblick auf uns stürzen würden, Giftpfeile aus Blasrohren verschießend und Streitäxte schwingend. Aber aus irgendeinem Grund ließ uns das Glück wenigstens darin nicht im Stich.

Mariel erzählte mir, es gehe Geflüster über einen Fluch um. Ich hatte genug Gerede über Unglücksbringer gehört, und es wunderte mich nicht, zu erfahren, daß die Hirngespinste stetig aufgebläht wurden. Niemand glaubte *wirklich* an einen Fluch, aber in einer Lage wie dieser kommt es nicht auf den Glauben an – sondern auf die Macht der Hirngespinste, die Phantasie zu fesseln ... und auf die Fülle an Nahrung für die Angst. Ich machte mir große Sorgen darüber, wie dieser Aberglauben sich durchsetzte. Untergangsprophezeiungen haben einen fatalen Hang zur Selbsterfüllung.

Ich bin kein Mensch, der gewohnheitsmäßig mit der Hand auf der Schußwaffe schläft, aber in dieser Nacht lag das Gewehr ganz nah neben meinem Schlafsack.

Der nächste Tag dämmerte jedoch, ohne daß jemand versucht hätte, irgendeinen anderen zu ermorden, und die Arbeit begann wieder mit einem gleichmäßigen Rhythmus, der durchaus nicht ungestüm war. Es war ein heißer Tag, und vor allem die Baumfäller kamen gehörig ins Schwitzen. Mittags gingen einige der Männer unter den wachsamen Augen eines bewaffneten Aufpassers schwimmen. Es kam zu keinem Zwischenfall – die langen, grauen Geschöpfe hielten sich fern.

Das Pfahlwerk wuchs und nahm eine behagliche Festigkeit an. Die Umrisse der ersten Hütte wurden am Boden markiert, und man legte die Fundamente. Eine weitere Expedition in den Wald verlief ohne Mißgeschick, und ich machte beständige Fortschritte in der Überprüfung aller möglichen Nahrungsquellen. Die meisten ließ ich als eßbar gelten, hielt es aber für klug, nicht augenblicklich nach Freiwilligen zu rufen. Ich brauchte nur eine Versuchsperson – mich selbst. Ich zog nicht einmal Mariel hinzu, die einen bekannt empfindlichen Magen hatte.

Und dann, am Nachmittag, schlug der Blitz wieder ein.

Ein großer, kräftiger Mann fällte einen der Riesenbäume, die vergleichsweise abgesondert wuchsen. Der Baum stand am nördlichen Ende des Geländes außerhalb des Pfahlwerks, das gerodet worden war, und hätte die Palisade zerschmettert, wenn er in die falsche Richtung gefallen wäre, aber der Mann hatte seine Arbeit gut getan. Der Baum fiel richtig, ohne daß jemand darunter gewesen wäre. Der Mann ging an ihm entlang, um seine Arbeit mit gerechtfertigtem Stolz zu betrachten. Eine Schlange, durch das Kippen ihres Ruheplatzes aufgestört, schnellte ihm aus dem Laub entgegen.

Ich war binnen einer Minute bei ihm, aber es gab keine Möglichkeit, die Schlange oder das Gift zu identifizieren, das ihm eingespritzt worden war. Es gab drei oder vier verschiedene Arten Gift bei den Schlangen Atticas, und dieses mußte natürlich eines der schnellwirkenden sein. Bis die Symptome so deutlich waren, daß man sie behandeln konnte, war sein Nervensystem gelähmt. Es gelang mir, sein Herz noch eine gute Stunde in Gang zu halten, aber ich besaß nicht die Mittel, sein Leben zu retten. Vor Sonnenuntergang starb er.

Das war Opfer Nummer zwei, und ich wußte, daß wir auf der Kippe standen.

Am Abend machte sich wieder ein Jagd-und-Nahrungssuche-Trupp auf den Weg. Ich blieb zu Hause. Nieland übernahm das Kommando. Man nahm drei Gewehre mit und schien entschlossen zu sein, alles niederzuschießen, was sich bewegte. Ich hoffte, daß die Eingeborenen so vernünftig waren, wegzubleiben. Unsere Leute machten nicht den Eindruck, als wären sie bereit, mit zwei Meter zehn großen Katzenmenschen ›Bring-mich-zu-eurem-Führer‹ zu spielen.

Ich sezierte die Schlange, die unser zweites Opfer getötet hatte, und präparierte ein spezifisches Anti-Serum für ihr Gift. Man weiß nie, wann einem so etwas zustatten kommt, obwohl ich davon überzeugt war, daß die nächste Person, die sich beißen ließ, dafür sorgen würde, einer anderen Schlangenart zum Opfer zu fallen. So ist das Leben. Mariel übernahm einige der Nahrungsuntersuchungen für mich und erbot sich, sie weiterzuführen, wenn die Proben, die ich gegessen hatte, sich als nachteilig erweisen sollten. Das nennt man undiplomatische Großzügigkeit.

Aber ich wurde nicht krank.

Es begann gerade dunkel zu werden, als ein Mann den Kopf zum Zelt hereinsteckte und sagte: »Kommen Sie schnell.«

Es war Thayer, und er war viel und rasch gelaufen – er keuchte schwer. Ich erinnerte mich, daß er mit dem Suchtrupp unterwegs gewesen war. Mariel hatte sich wieder aufs Schiff begeben –

ebensosehr, um meiner Verbitterung zu entgehen, wie um nachzusehen, ob noch etwas an Bord sei, das ins Lager befördert werden mußte. Es schien keine Zeit zu bleiben, sie zu suchen und ihr zu sagen, wohin ich ging.

»Es ist Ling«, stieß Thayer hervor. »Er ist verletzt.«

Ich packte die Sanitätstasche und zwängte mich wortlos an ihm vorbei. Ich biß die Zähne zusammen. Ein Zeitabschnitt mit Unfällen war eine Sache, aber das schien sich dem Surrealen zu nähern.

Thayer griff in das Zelt und fischte mein Narkosegewehr und auch die Laterne heraus, die ich gerade angeknipst hatte.

»Das nehme ich mit«, sagte er. Ich machte mir nicht die Mühe, zu widersprechen. Ich wartete darauf, daß er voranging. Er tat es in schnellem Trab.

Wir folgten einem bezeichneten Weg, der in einem Winkel von etwa sechzig Grad von dem unseligen abwich, den ich am Tag vorher genommen hatte. Die Dämmerung dauerte nicht lange, aber die Batterielampe war hell genug, so daß wir von einer Markierung zur anderen fanden. Wir brauchten nicht weit zu gehen – nur etwa eine halbe Meile.

»Was ist geschehen?« fragte ich, als wir in hohem Gras langsamer wurden, wo vier oder fünf Gestalten warteten, stumme Schatten im trüben Licht. Sie blickten auf eine am Boden liegende Person – Ling. Ich erkannte in der Nähe Malpighi und schaute mich nach Nieland um. Ich sah ihn nicht, konnte aber nicht mehr als einen Blick erübrigen, als ich vor Ling niederkniete.

Einige Sekunden schleppten sich vorbei, bevor ich begriff, daß niemand meine Frage beantwortete.

Ich drehte Ling herum, weil er auf dem Bauch lag. Er war bewußtlos, aber an seinem Körper konnte ich keine Verletzungsspuren erkennen. Erst als ich die Haut unter seinen dichten, schwarzen Haaren betastete, wurde mir klar, daß er einen Schlag an die Schläfe bekommen hatte. Einen wuchtigen Schlag.

Ich schaute mich um. Malpighi hatte sich ein Stück entfernt. Thayer hob bereits meine Waffe.

Seltsamerweise spürte ich weder Überraschung noch Zorn. Die Erkenntnis, daß das eine Falle war, kam mir glatt und zusammenhängend, ordnete sich wie ein Stück aus einem Puzzle ein.

Ich schleuderte die Tasche nach Thayer, aber er hatte keine Mühe, ihr auszuweichen. Die anderen hoben ihre Waffen. Es gab nichts, was ich tun konnte – es hatte keinen denkbaren Sinn, so zu tun, als könnte ich fliehen oder mich wehren.

Ich sah Malpighi an, aber er war von der Lampe zu weit entfernt, als daß ich sein Gesicht erkennen konnte. Aber er wußte ganz offensichtlich, was er tat. Das war geplant gewesen. Ogburn mußte ebenfalls eingeweiht sein.

»Wo ist Nieland?« fragte ich.

»Hinter einem Strauch«, sagte Malpighi. »Er ist nicht tot. Gefesselt und geknebelt. Er wird sich leicht befreien können. Wir bringen keinen um.«

»Sie haben Ling einen Schädelbruch zugefügt«, sagte ich, ohne zu wissen, ob das zutraf oder nicht.

»Er hat sich gewehrt. Jemand mußte zuschlagen. Er ist nicht tot. Wo ist das Mädchen?«

Die letzte Frage galt nicht mir, sondern Thayer.

»War nicht da«, sagte Thayer. »Vielleicht auf dem Schiff. Um sie können wir uns später kümmern.«

Mein Mund war trocken.

»Wir bringen sie an Land, bevor wir abfahren«, sagte Malpighi. Es klang genußvoll – nicht weil er in sadistischer Weise daran dachte, Mariel zu vergewaltigen, sondern weil er Herr der Lage war und ich nichts tun konnte und er wollte, daß ich es begriff.

»Wohin wollen Sie?« fragte ich ihn.

»Nach Hause«, sagte er. »Wir haben Trinkwasser. Wir haben alle Rationen, die Sie für Ihren Aufenthalt hier gestapelt haben. Wir brauchen keine Wurzeln oder Fleisch. Wir wollen nur weg von hier. Wir sehen keinen Grund, warum von uns noch jemand sterben soll. Sie haben uns viel Geld für diese Fahrt versprochen, aber nichts davon gesagt, daß es Tote geben wird. Wir wollen nicht so enden wie die anderen – Verheyden und seine Besatzung.

Wir fahren nach Hause. Sofort.«

»Und wenn ihr zu Hause seid?« sagte ich. »Was erzählt ihr den anderen?«

»Wir erzählen, daß ihr alle fortgeschleppt worden seid«, erwiderte er. »Ihr seid in den Wald gegangen, um Eingeborene zu suchen, und nicht zurückgekommen. Wir haben gewartet, wir haben gejagt, aber zwei von unseren besten Leuten sind erschossen worden. Es gab einen Kampf. Wir mußten uns zurückziehen, sonst wären wir bis auf den letzten Mann niedergemacht worden. Wir werden uns zu Helden machen. Und unser Geld bekommen wir auch.«

Ich sagte: »Irgend jemand wird plaudern. Ihr mögt euch untereinander nicht mehr als uns. Irgend jemand wird alles ausplaudern, um es irgendeinem heimzuzahlen. Die Hälfte der armen Kerle weiß gar nicht, was passiert, nicht? Nur Ogburn und Sie, wie? Ihr habt ihnen allen eine Ausrede gelassen. ›Es waren nicht wir‹, werden sie sagen, ›es waren Ogburn und Malpighi. Ich mußte mitmachen.‹ Irgend jemand wird es ausplaudern. Irgendeiner tut es immer. Wie hoch ist die Strafe für ein solches Verbrechen in der Kolonie, hm? Aber nehmen wir an, Thayer hier überlegt es sich anders, Malpighi? Nehmen wir an, er erschießt nicht mich, sondern Sie? Er *kann* ein Held sein. Ihr könnt alle Helden sein, Jungs. Ihr müßt nur den richtigen Mann erschießen ...«

Ich hatte nie geglaubt, daß es Erfolg haben würde.

Es hatte keinen.

Der Pfeil traf mich in der Schulter. Ich versuchte über die Schulter zu blicken, um zu sehen, wo er steckte, aber der Winkel ließ es nicht zu. Ich blieb auf den Knien und wartete auf die Bewußtlosigkeit. Ich versuchte nicht, mich dagegen zu wehren. Ich kippte langsam um. Ich wollte mir nicht weh tun oder ihm Veranlassung geben, ein zweites Mal abzudrücken.

Die Welt rotierte um mich wie ein schwarzer Wasserstrudel, und ich schien weiter zu stürzen, durch den Boden ... tief, tief hinab.

8

Langsam kam mir zum Bewußtsein, daß jemand mir ins Gesicht schlug.

Unter den gegebenen Umständen schien das eine Gemeinheit zu sein. Das hieß, meine Hilflosigkeit auszunützen. Ich war ein kranker Mann und sehr müde. Außerdem träumte ich, und obwohl die Schläge die Substanz des Traumes aus dem Griff des Bewußtseins rissen, hatte ich den starken Eindruck, daß es ein ziemlich angenehmer Traum gewesen war.

Ich spürte, wie der Kragen meines Overalls gepackt und mein Kopf hochgerissen wurde. Es schien mir nichts anderes übrigzubleiben, als aufzuwachen.

Ich wachte auf.

»Los, Alex!« sagte sie mit zusammengebissenen Zähnen.

Ich sah sie an und erinnerte mich.

»Mariel!«

»Wen haben Sie erwartet – die Jungfrau Maria?«

Sie ließ meinen Kopf auf den Boden zurücksinken. Neben mir lag ein Körper. Ich rollte mich weg davon und schob mich auf die Knie. Ich starrte Ling an und griff nach seinem Handgelenk. Er war kalt. Die Halunken hatten ihm also wirklich den Schädel eingeschlagen. Ich begriff, daß es noch mitten in der Nacht war, aber Mariel hielt eine helle Laterne in der Hand.

»Wo ist Nieland?« fragte ich.

»Woher soll ich das wissen?«

»Sie sagten, sie hätten ihn hinter einem Gebüsch liegen lassen – gefesselt, aber so locker, daß er sich befreien kann. Bei Mord sind sie sehr gewissenhaft – jedenfalls ihren Reden nach . . .« Mir fiel noch etwas anderes ein. »Wie sind Sie hergekommen?« fragte ich.

»Ich bin den Markierungen an den Bäumen gefolgt«, antwortete sie.

»Nein, ich meine nicht wie, ich meine *wie*? Als man mich niederschoß, waren Sie für eine Massenvergewaltigung vorgesehen.

Sie sehen nicht so *aus*, als wären Sie vergewaltigt worden. Oder von einem Narkosepfeil getroffen.«

»Ich brachte die letzten Sachen aus dem Schiffsraum«, sagte sie. »Laternen und zusätzliche Ausrüstung – meist Ersatzteile, aber Sie waren nicht in sehr guter Stimmung, und ich dachte, ich könnte wenigstens so *tun*, als würde ich mich nützlich machen. Ich stieß auf Ogburn. Er bot an, mir zu helfen. Ich weiß nicht, was er danach gesagt hat – ich war zu sehr damit beschäftigt, mich vor dem zu fürchten, was er nicht aussprach. Ich konnte nicht rechtzeitig zurück, um Sie zu warnen, also bluffte ich einfach, bis Ogburn in seine Kajüte zurückging. Ich holte alle Nahrungskonzentrate aus dem Laderaum, die noch da waren, und schaffte sie ins Ruderboot. Dann ging ich in Nielands Kabine und nahm die Navigationssachen mit. Dann ging ich in die Waffenkammer und holte die restlichen Gewehre. Das Boot war inzwischen ein bißchen voll, also warf ich sie ins Wasser. Ich stahl die Nadel aus dem Kompaß. Ich hätte noch ein paar Löcher in die Bordwand gebohrt oder sonst etwas gemacht, aber ich hatte die Zeit nicht, und die restlichen Werkzeuge hatte ich zusammen mit den Waffen über Bord geworfen.

Ich stieg ins Ruderboot und fuhr flußaufwärts. Ich mußte die Ladung noch etwas verringern, also kippte ich von den schweren Sachen wieder etwas ins Wasser, aber es gelang mir, ungeschoren davonzukommen. Es war natürlich dunkel, und das Boot war auf der anderen Seite des Schiffes vertäut, so daß niemand sehen konnte, was ich tat. Ich fand eine Landestelle und lud die ganze Nahrung und dergleichen aus und versteckte sie in einer Spalte. Dann schob ich das Boot hinaus in den Fluß, damit es zum Schiff zurückgetrieben wurde und vielleicht daran vorbei hinaus aufs Meer. Ich schleppte die Nahrung hintereinander das Ufer hinauf und versteckte sie zwischen den Bäumen.

Eine Weile blieb ich still sitzen, dann kroch ich zurück, um zu sehen, was vorging. Sie hatten sich schlafen gelegt. Ich lief um das Pfahlwerk herum und in die Richtung, die der Trupp eingeschlagen hatte. Am Ufer sah ich kein Licht, nahm also an, daß sie keine

Wachen aufgestellt hatten, und stellte die Lampe auf schwache Lichtstärke, bis ich einen bezeichneten Baum gefunden hatte. Dann folgte ich dem Weg und drehte das Licht unterwegs weiter. Ich glaube aber, daß wir sicher sind – ich bin überzeugt davon, daß sie sich alle wieder auf dem Schiff befinden. Sie werden vermutlich in aller Frühe losfahren . . . es sei denn, sie sehen vorher nach den Vorräten.«

»Mensch«, sagte ich leise.

»Das einzige Problem ist, was tun wir jetzt?« sagte sie. »Wir haben fast die ganze Nahrung – bis auf das, was schon an Land gebracht worden war –, und wir haben einen Teil unserer Ausrüstung, wenn auch nicht das Wichtigste. Wir haben keine Gewehre, und sie haben sechs und dazu Ihr Narkosegewehr. Alles in allem würde ich sagen, daß wir in einer Klemme sind und sie auch. Sie könnten den Weg über das Meer ohne die Instrumente oder den Kompaß finden, aber werden sie es ohne Vorräte versuchen, auf die sie sich verlassen können? Sie haben viel von dem geprüft, was es hier gibt, aber werden sie mit Ihren Notizen etwas anfangen können? Ich kann es jedenfalls nie.«

Ich schüttelte staunend den Kopf.

»Verschwinden wir von hier«, sagte ich. »Wenn sie dahinterkommen, was Sie gemacht haben, werden sie uns suchen. Ihr Fehlen muß ihnen aufgefallen sein – wir können nur von Glück sagen, daß sie nicht im Laderaum nachgesehen haben. Wir gehen am besten flußaufwärts und tauchen vorerst einmal unter. Ich gehe das Risiko nicht ein, zum Lager zurückzukehren.« Ich stand auf und schaute hinter die Büsche. Von Nieland war nichts zu sehen, aber ich fand niedergetrampeltes Gras, wo er gelegen haben mochte.

»Malpighi sagte, er würde sich befreien können«, murmelte ich. »Der verdammte Narr muß versucht haben, mich zu wecken, und als ihm das nicht gelang, allein losgezogen sein. Weiß der Himmel, was er versuchen wird. Zum Lager wird er bestimmt nicht zurückgegangen sein.«

Die Möglichkeiten, obschon nicht gerade endlos, schienen

keine weiteren analytischen Kommentare wert zu sein.

»Okay«, sagte ich, »gehen wir.«

Ich nahm ihr die Laterne aus der Hand, dann ergriff ich ihre Hand, um sicherzustellen, daß wir uns nicht verloren.

Wir hatten eine größere Strecke zurückgelegt, bevor ich wieder etwas sagte.

»An Ihrer Stelle wäre ich davongelaufen«, sagte ich.

»Ich wollte mich ein bißchen revanchieren«, erwiderte sie. »Es waren sehr üble Gedanken, die Ogburn im Kopf hatte.«

»Mußten Sie *alle* Gewehre über Bord werfen?« fragte ich.

»Ich dachte, Sie halten nichts von Schußwaffen.«

»Sie haben ihren Nutzen. Aber wir kommen auch so zurecht. Sie haben Enormes geleistet. Ich weiß nicht, wie wir die Scherben wieder zusammensetzen werden, aber Sie haben es großartig gemacht.«

»Ich dachte, wir könnten verhandeln«, meinte sie. »Wir haben die Nahrung.«

»Ja«, sagte ich ohne Begeisterung. Sie hatte es der Besatzung wirklich heimgezahlt – vielleicht auch ein bißchen für mich. Aber sie hatte sie nicht so endgültig von allem abgeschnitten wie uns selbst. Und im Innersten wußten wir beide, daß nicht die geringste Aussicht bestand, durch Verhandlungen auf die ›New Hope‹ und wieder nach Hause zurückzugelangen. Selbst wenn wir den Streit beilegten und auf irgendeine Weise so viel Druck ausüben konnten, daß unser Leben auf der langen Heimfahrt geschützt war, würde es eine lange, lange Fahrt sein. Auf See kommen Unfälle vor. Von seltsameren Dingen ganz zu schweigen.

Während wir in der sternklaren Nacht nach Westen gingen, konnte ich nicht so recht erkennen, wie wir *jemals* von Delta fortkommen sollten.

9

Wir gingen nicht weit – nur weit genug, um uns gründlich zu verirren. Wir konnten uns jederzeit zurechtfinden, wenn wir zum Fluß zurückgingen. Worauf es ankam, war, daß *sie* nicht in der Lage sein würden, *uns* zu finden.

Wir rasteten unter einem Baum, eigentlich ohne die Absicht, einzuschlafen – das kann in subtropischen Wäldern gefährlich sein. Aber die Nachwirkungen der Droge machten mich viel zu schläfrig, als daß ich der Lockung des Schlafes widerstehen konnte, und ich gab nach. Ich nahm an, daß Mariel dasselbe getan hatte, aber sie wurde wenigstens wach, als sich etwas zu ereignen begann.

Ich kam zu mir, als sie meinen Arm zu schütteln begann.

Es war Tag geworden, und der kühle Morgen umgab uns. Auf allem lag dicker Tau. Außerdem standen fünf fremde Wesen in einem Halbkreis um uns herum und betrachteten uns. Ich setzte mich abrupt auf.

Es waren alles Männer – einer sehr groß, die anderen in verschiedenen Größen, mutmaßlich in unterschiedlichen Stadien der Reife. Sie waren nackt bis auf Gürtel um ihre Schultern mit kleinen Beuteln und Taschen daran. Der Größte trug einen Speer mit Eisenspitze. Zwei von den anderen hatten große Messer, ebenfalls aus Eisen. Alle, die Waffen besaßen, spielten nervös damit, während sie uns beobachteten. Ihr Fell war dunkel mit einem Muster (schwarz auf braun), das halb zwischen wahllos verstreuten Flecken und vertikalen Streifen lag. Sie sahen aus wie anthropomorphisierte Ausgaben getigerter Riesenkatzen.

Das große männliche Wesen studierte mich gründlich. Er hatte dunkelbraune Augen mit großen Pupillen – keine Katzenpupillen, sondern humanoide, runde. Er rümpfte die Nase, als fände er keinen Gefallen an meinem Gestank. Sein Unterkiefer bewegte sich ein wenig, so als wolle er etwas sagen, ohne daß ihm eine passende Bemerkung einfiel.

Wer konnte es ihm verdenken?

Ich hob die Hände mit den Innenflächen nach außen, um zu zeigen, daß sie nichts verbargen. Die Lampe lag neben mir – ich beachtete sie nicht.

Ich stand langsam auf.

Der Große sagte etwas. Die Laute, die er von sich gab, waren einer der fließenderen menschlichen Sprachen nicht unähnlich – Japanisch vielleicht. Aber manche Konsonanten fehlten, andere klangen verwaschen.

»Es tut mir leid«, sagte ich unzulänglich. »Ich verstehe nichts.«

Ich schaute auf Mariel hinunter und appellierte hilflos an sie, einzugreifen. Das war ihr Gebiet. Aber als sie sich aufraffte, ignorierte der Große sie. Er sagte etwas anderes zu mir in einem Ton, der fragend klang.

»Er spricht mit Ihnen, weil Sie der Größte sind«, sagte sie. Ich verzieh ihr, daß sie nicht sagte ›größer‹ – es war ein angespannter Augenblick, und man konnte das Versehen entschuldigen.

»Hören Sie«, sagte ich, bemüht, freundlich und beruhigend zu wirken, »ich wüßte gern, wovon Sie reden, aber ich verstehe nichts. Ich kann Ihnen aber versichern, daß ich für Sie und die Ihren nichts als Wohlwollen empfinde.«

Es war nicht viel, aber immer noch besser als ›Ich Alex, wer du?‹. Er wurde nicht zornig. Ich konnte nicht beurteilen, ob er verwirrt war oder nicht – seine Stirn war nicht zum Runzeln geeignet.

Er sagte etwas zu dem Wesen neben sich, das einsilbig antwortete. Dann sagte er wieder zu mir etwas.

Ich erwiderte liebenswürdig: »Nicht einfach herumliegen, helfen!« Ich nahm meinen Blick nicht von dem Fremdwesen, während ich das sagte.

»Sie halten sich gut«, meinte Mariel und kicherte. Mir schien das nicht der geeignete Augenblick für Heiterkeit zu sein. Ich hoffte, daß sie ihre Zähne nicht zeigte – es geht das Gerücht, das sei eine der gefährlichsten Reaktionen, wenn man versucht, mit anderen Arten zu sprechen. Nicht daß der Mann, der das Gerücht in die Welt gesetzt hatte, über irgendeine praktische Erfahrung auf dem Gebiet verfügte.

Dann gelangte der Große zu einer Entscheidung. Er ließ seinen Speer fallen, streckte seine langen Fellarme aus und umschloß meine beiden Handgelenke. Auf die Art, wie er das machte, kamen meine eigenen Finger mit seinen Handgelenken in Berührung, und es schien ganz natürlich zu sein, den Händedruck zu erwidern. Ich tat es. Er gab einen langgezogenen Laut von sich, halbwegs zwischen einem Schnurren und einem gedämpften Kriegsruf. Die anderen vier begannen zu schnattern. Die ganze Atmosphäre schien sich zu entspannen.

»Gratuliere«, sagte Mariel.

Mein neuer Freund ließ meinen linken Arm los, erfaßte aber meinen rechten Ellenbogen und führte mich davon. Ich ließ es zu. Mariel hob die Laterne auf. Einer der jüngeren Begleiter griff nach der Waffe des Anführers. Und wir machten uns auf den Weg – nach Westen.

Bei der ersten Gelegenheit fragte ich Mariel, was geschehen war.

»Ich weiß es nicht genau«, sagte sie. »Sie sind offenbar zu dem Schluß gekommen, daß es sich lohnt, uns kennenzulernen. Sie haben uns nicht gefangengenommen . . . sie bringen uns nur nach Hause, damit wir den Leuten vorgestellt werden. Was ich nicht verstehen kann, ist, warum der Große so *erfreut* zu sein schien, als er beschloß, Freundschaft zu schließen.«

»Sie glauben, er hat schon einmal Menschen gesehen?«

»Vielleicht. Ich kann es nicht sagen.«

Wir gingen jetzt als gemeinsame Gruppe. Alles Freunde, unserem Führer folgend. Ich wechselte neugierige Blicke mit den jüngeren Wesen. Sie unterhielten sich – vermutlich über uns –, und wir sprachen über sie. Es war alles sehr freundschaftlich. Es fiel mir schwer, nicht zu vergessen, daß wir nicht wußten, was eigentlich gespielt wurde. Alles wirkte so *natürlich*.

»Na«, sagte ich, »Sie haben Ihre Chance. Was sonst auch geschehen mag, Sie sind Ihren fremden Wesen begegnet. Sie haben

Zeit, sie kennenzulernen. Vielleicht mehr Zeit als genug.«

»Wir haben es noch gut getroffen«, sagte sie. »Sie sind freundlich. Und sie haben Fischerboote. Es könnte sein, daß wir zuletzt eine bessere Aussicht haben, nach Hause zu kommen, als Ogburns Piraten.«

»Wer diese Dhau auch gebaut haben mag, diese Leute waren es nicht«, sagte ich. »Das sind Urwaldbauern . . . Waldbewohner. Sie wandern von Ort zu Ort, brennen die Vegetation nieder und kultivieren den Aschenboden. Sie können nur zwei Jahre an einer Stelle bleiben – dann erschöpft sich der Boden, und sie ziehen weiter und lassen den Urwald wieder darüberwachsen. Das sind keine Leute, die Boote bauen.«

»Es sind auch keine Leute, die Stahl herstellen können«, erwiderte sie. »Aber sehen Sie sich die Messer an.«

Ich sah mir die Messer der jüngeren Männer an. Ich hatte angenommen, daß sie aus gehämmertem Eisen bestanden, aber darauf aufmerksam gemacht, sah ich, daß sie seltsam glatt waren. Ohne Rost. Die Schneiden wirkten scharf. Ich sah mir den Speer an, den der Große zu Anfang getragen hatte. *Das* war Eisen und verrostet. Die Spitze war gehämmert worden und hatte keine Schneide, nur eine stumpfe Spitze.

»Sie betreiben Tauschhandel«, sagte ich, das jetzt Offenkundige aussprechend. »Mehr noch, sie handeln mit Leuten, die allerhand von Metallbearbeitung verstehen.«

»Die Dhau-Erbauer«, sagte sie.

Ich hatte Zweifel. Wir besaßen keine zuverlässigen Informationen über die Leistungen der zivilisierteren Fremdwesen im Norden, aber Dhaus und rostfreier Stahl erschienen mir als sehr fortschrittlich. Fortschrittlicher, als wir hatten annehmen können.

Während des Marsches unternahmen sie keinen Versuch zur Verständigung. Sie bemühten sich nicht, Namen auszutauschen oder uns irgendwelche Wörter beizubringen. Aber sie sprachen miteinander, und Mariel beobachtete sie. Ich rechnete nicht damit, daß sie anfangen würde, die Sprache zu verstehen, bis sie uns konkret zu unterrichten begannen, aber ich wußte, daß sie, wenn die Zeit kam, vorbereitet sein würde, sie mit übermenschlicher Schnelligkeit zu meistern. Sie würde alle Laute kennen, die Töne und Rhythmen. Bei ihr kam das ganz natürlich. Um sie zu lernen, würde nicht nur eine Sache des Memorierens von Bezeichnungen sein – nicht bei ihr. Sie würde tatsächlich den Sinn dahinter begreifen, die Denkart, die damit zusammenhing. Sie besaß eine sehr flexible Weltsicht, einen elastischen Geist. Es war die Notwendigkeit, diese Elastizität zu *erhalten*, die ihrem Talent eigentlich die Grenze setzte. Talente schwinden nicht aus irgendeinem der quasiübernatürlichen Gründe, die sie an Bord aufgezählt hatte, sondern aus dem schlichten Grund, daß heranwachsende Kinder sich unvermeidlich in der Weltanschauung ihrer eigenen Art einrichten. Ihre Gemüter kristallisieren sich heraus, ihre Denkweise wird starr. Wenn Mariel nicht mit der ›Dädalus‹ hinausgeflogen wäre, hätte sie ihre ›Gabe des Zungenredens‹ vielleicht schon verloren. Ein unaufhörliches Angebot von neuen Welten und neuen Kulturen ist ein Weg, die Elastizität erhalten zu helfen.

Trotz der Tatsache, daß die Situation als Ganzes von allen möglichen Ungewißheiten umwölkt war, konnte ich nicht umhin, mich darüber zu freuen, daß sie ungeachtet der Dinge, die geschehen mochten, ihre Chance mit den Eingeborenen von Delta erhalten hatte.

10

Wir erreichten das Dorf spät an diesem Tag. Es lag in einer kleinen Rinne zwischen zwei Abhängen, von denen einer so steil war, daß das nackte Gestein hier und dort sichtbar wurde. Es war mit Metallwerkzeugen bearbeitet worden. Durch den Einschnitt floß ein Bach, und sie hatten einen kleinen Damm gebaut, um unten an der Furche einen ziemlich großen Teich anzustauen. Es gab ungefähr vierzig Hütten, zumeist aus dünnen Holzlatten, Laubmatten, die Farnkraut oder Adlerfarn glichen, und lehmverkrustetem Stroh. Man sah viele kleine Kinder und viele kleine Tiere zwischen den Hütten auf dem steinigen, gerodeten Boden herumlaufen. Die abgebrannten Enklaven, wo die verschiedenen Familien ihre Grundstücke bebauten, waren auf beiden Seiten des Baches unterhalb des Dorfes verstreut. In der Mitte des Wohnbereichs brannten zwei oder drei Lagerfeuer.

Unsere Ankunft erregte große Neugier, aber keine erhebliche Unruhe. Alle gafften, aber niemand drängte sich näher heran, um uns besser zu sehen. Wir gingen zuerst zum Teich, wo unsere Begleiter nach einem dursttreibenden Tagesmarsch sich satt tranken. Wir tranken auch, etwas bescheidener. Eine Gruppe von Eingeborenen seiner Größe kam auf den Anführer zu, und es kam zu einer lebhaften Unterhaltung. Offenkundig sprachen sie über uns, aber es gab keinen Versuch zu einer förmlichen Vorstellung.

»Derjenige, der sich mit uns angefreundet hat, versucht sich zu erklären«, sagte Mariel. »Es scheint unter den anderen keinen zu geben, der besondere Autorität hätte. Wenn sie einen Häuptling haben, dann ist er hier nicht dabei. Einer oder zwei von den anderen scheinen nicht sehr erfreut zu sein über ihn, aber unser Freund versucht, sie zu beschwichtigen. Sie sind uns offenbar nicht besonders feindselig gesinnt – wenn ich eine Vermutung äußern müßte, würde ich sagen, daß sie wissen wollen, warum er sich nicht mit dem befaßt hat, was die eigentliche Absicht ihrer Expedition war. Er versucht ihnen klarzumachen, daß wir wichtiger sind.«

Für einen laufenden Kommentar war dieser ganz ordentlich.

Schließlich kam der Mann, der uns hergebracht hatte, zurück und begann uns vorwärtszudrängen. Er führte uns zu einer der Hütten und lud uns ein, hineinzugehen. Er machte uns Zeichen, die sogar ich mühelos als Anweisung verstand, hierzubleiben. Dann kehrte er zu seiner Diskussionsgruppe zurück, um erneut zu argumentieren. Ich schaute ein paar Minuten zum Eingang hinaus und beobachtete die Dorfbewohner, aber nach einer Weile hatte ich es satt, meinerseits beobachtet zu werden. Ich ging hinein.

Es gab nicht viel in der Hütte – zwei lange Haufen Stroh, vermutlich zum Schlafen; ein paar aus Holz geschnitzte Schüsseln – alle leer und sehr sauber; einen Topf voll schmieriger Substanz wie Seife. Eine der Innenwände war jedoch mit den farbigen Federn von einem Dutzend verschiedener Vogelarten besteckt – nur die Flügelfedern, offenkundig zu Schmuckzwecken aufbewahrt. Und in kleinen Grastaschen an derselben Wand gab es eine Reihe kleiner Werkzeuge – Schaber, Messer, Gabeln, sogar Zangen. Sie waren fast alle aus Holz oder Knochen hergestellt, das eine oder andere bestand jedoch aus einem Hornstoff, der von einem Vogelschnabel stammen mochte. Metall gab es überhaupt keines.

»Endlich zu Hause«, murmelte ich.

Das Stroh hatte einen muffigen Tiergeruch, aber es fiel nicht allzu schwer, sich daran zu gewöhnen.

Mariel saß auf dem Boden, die Laterne vor sich, und starrte sie an.

»Wenn ich nur etwas zu essen mitgebracht hätte«, sagte sie. »Ich hätte einen Rucksack vollpacken können.«

»Sie geben uns zu essen«, sagte ich. »Man kann davon ausgehen, daß alles, was sie essen, für uns nicht giftig sein wird. Gifte findet man überall. Und ihre Bakterien werden uns nicht schaden, vielleicht abgesehen von leichten Bauchschmerzen. Jedenfalls haben wir kaum eine Wahl.«

Es verging ungefähr eine Stunde, bevor wir Besuch bekamen. Es waren vier, und als sie durch die Tür kamen, begriff ich mit einem schuldbewußten Zusammenzucken, daß ich nicht sagen konnte, wer von ihnen derjenige war, der uns hergebracht hatte, wenn er überhaupt dabei war. Ich hatte ihn zwar gründlich beobachtet, aber *erkennen* konnte ich ihn in Wirklichkeit nicht. Einen ließ ich jedoch außer Betracht. Er trug einen Kopfschmuck aus Federn und schwarzem Pelz. Er schien jener zu sein, der das Sagen hatte, aber ob er der Stammeshäuptling oder der örtliche

Schamane war, konnte man nicht feststellen. Er sah uns beide sehr gründlich an, dann setzten wir uns alle in einem Kreis nieder, der mit dem Kopfschmuck mir gegenüber. Er stellte Fragen. Ich versuchte klarzumachen, daß ich nicht antworten konnte. Er besprach sich mit den anderen. Dann stellten sie wieder Fragen. Ich versuchte ihnen unsere Namen zu sagen. Sie verstanden nicht – oder wollten nicht darauf eingehen. Einer von ihnen gab die Laterne dem Mann mit dem prächtigen Kopfschmuck, der sie genau untersuchte, sich darüber klar wurde, wie man sie anstellte, und das Innere der Hütte beleuchtete. Er prüfte den durchsichtigen Kunststoff auf Wärme. Ich nahm die Lampe und zeigte ihm, wie man Lichtstärke und Wärme regulieren konnte. Dann schaltete ich sie aus, schraubte den Sockel ab und zeigte ihm die Batterie. Er interessierte sich lebhaft für alles und schien nichts davon auf böse Magie zurückzuführen. Ich überreichte ihm die Lampe mit großer Zeremonie als Geschenk. Er nahm sie mit offenkundigem Vergnügen an.

Ich hatte jetzt das Gefühl, daß wir wirklich vorankamen. Ich versuchte es noch einmal mit unseren Namen, aber es schien wieder nicht zu klappen. Ich versuchte es mit dem Wort ›Lampe‹, und er bemühte sich, es zu wiederholen. Das ›mp‹ gelang ihm wegen seiner gewölbten Oberlippe nicht ganz, aber er unternahm einen brauchbaren Versuch. In einem Anfall von Großzügigkeit zog ich mein Taschenmesser heraus und schenkte es ihm ebenfalls. Er spielte mit beiden Klingen und versuchte ›Messer‹ zu sagen, was ihm besser gelang als ›Lampe‹. Bis er ging, schien er von der ganzen Sache ehrlich begeistert zu sein.

Mariel gratulierte mir wieder. Sie hatten noch immer nicht besonders auf sie geachtet – vermutlich deshalb, weil sie kleiner war. Ich nahm nicht an, daß die fremden Wesen sie als offenkundig weiblich erkennen konnten.

Wir aßen mit der Familie, kurz nachdem unsere Inquisitoren gegangen waren. Wir wurden von einem einzelnen Mann aus der Hütte gebeten – ich nahm an, daß es der war, der uns hereingebracht hatte, konnte es aber nicht beschwören –, und wir kauerten draußen am Boden mit ihm, einer Frau und zwei kleinen Kindern. Wir aßen von Holztellern etwas, das wie lauwarmer Sago aussah, und bekamen dann ein paar große Raupen angeboten. Beim besten Willen konnte ich den Mut nicht aufbringen, und wir lehnten dankend ab. Es war ein schweigsames Mahl – sie schienen alle zu akzeptieren, daß sie nicht mit uns sprechen konnten, und unsere Anwesenheit hemmte sie. Danach wurden wir höflich wieder in die Hütte gebeten.

»Als Dauerzustand könnte das sehr langweilig werden«, meinte ich.

»Es ist nur vorübergehend«, versicherte sie mir. »Ich glaube, sie fangen oben am Einschnitt mit einem neuen Gebäude an. Ich habe eine Gruppe von Männern diskutieren und Markierungen am Boden machen sehen. Vermutlich der vornehme Teil des Dorfes.«

»Für uns?« Die Geste wirkte sympathisch. »Das ist sehr nett von ihnen. Großzügigkeit macht sich offenbar bezahlt.«

»Ich glaube, der eine, der uns unter die Lupe genommen hat, war der örtliche Weise«, sagte sie. »Derjenige, der die Antworten auf alle Fragen kennen soll. Er mußte uns abschätzen, entscheiden, wo wir in den Plan der Dinge hineinpassen. Diese Wesen sind Wilde – ihre Lebensanschauung hat nicht Raum für mehr Dinge im Himmel und auf der Erde, als sie gewohnheitsmäßig träumen. Sie müssen eine Rolle für uns erarbeiten, und er war der Mann mit dem Auftrag, das zu bewältigen. Sie haben eingeschlagen – also sind wir geehrte Mitglieder der Gemeinschaft. Vorerst. So sehe ich das.«

Ich sah es nicht viel anders. Wir besaßen Prestige, weil wir die Gaben der Zivilisation hatten – Licht und Metall. Sie verfügten offenbar über irgendeine Quelle für das letztere, schon zu Waffen verarbeitet. Wenn sie dafür Tauschhandel betreiben mußten, wurden sie vermutlich ordentlich übers Ohr gehauen. Wir stellten wohl eine Alternative dar – ein potentielles Mittel, den ganzen Stamm zu bereichern. Ich war nicht so sicher, daß ich Prometheus spielen wollte, aber das schien die Rolle zu sein, die sie für mich vorgesehen hatten. Es war ganz natürlich.

Viel später kam wieder Besuch. Oder, um ganz genau zu sein, wir erhielten Verstärkung. Es war Nieland. Er wurde von zwei Männern hereingebracht und wirkte sehr entsetzt.

Ich hatte noch nie zuvor jemanden erlebt, der so froh gewesen war, mich zu sehen. Seine Erleichterung kannte keine Worte. Er sank einfach auf den Lehmboden, schwitzte stark und wirkte dankbar.

»Dann hat man Sie also gefunden«, meinte ich leichthin, meine Vertrautheit mit der Situation nutzend.

»Ich dachte, Sie sind tot«, sagte er.

»Sie hätten nicht weglaufen sollen«, gab ich zurück.

»Ich dachte, Sie sind *tot*«, sagte er noch einmal. »Sie lagen neben Ling – ich glaubte, man hätte Sie beide erschossen und wolle mich dort sterben lassen. Es war völlig dunkel bis auf die Sterne . . . ich fand Sie nicht, bis ich über Sie stolperte. Ich mußte fort . . . zurück zum Fluß . . . ich weiß nicht, wohin . . . ich verirrte mich. Ich lief den ganzen Tag im Wald herum, bis . . .«

»Ich glaube, den Rest können wir uns denken«, sagte ich. »Ruhen Sie sich aus. Es muß ein langer Marsch gewesen sein – und diese Leute kommen wirklich schnell voran.«

Er sah wirklich erschöpft aus.

»Zwei Zufallsbegegnungen an einem Tag«, sagte ich besorgt zu Mariel. »Nicht sehr wahrscheinlich.«

»Es waren nicht viele Männer im Dorf, als wir draußen saßen«, meinte sie nachdenklich. »Nur die ganz oben am Einschnitt. Die übrigen hatten vielleicht andere Beschäftigungen, oder . . .«

»Sie könnten unterwegs gewesen sein, um den Wald nach anderen Wundertätern von jenseits des Meeres abzusuchen. Und wenn sie die ›New Hope‹ finden . . .«

»Sie können sie kaum übersehen.«

»Unsere Beliebtheit könnte ganz plötzlich schwinden.«

Sie nickte.

»Ich glaube, wir sollten lieber darum beten, daß sie heute morgen den Anker gelichtet haben«, sagte sie.

»Ohne im Laderaum nachzusehen?«

Sie zuckte mit den Schultern.

»Sie haben einen starken Haß für die Gegend hier entwickelt. Er grenzt an abergläubisches Grauen. Sie könnten einfach aufs Geratewohl losgefahren sein, um ihr Glück anderswo zu versuchen. Vielleicht beschließen sie, überhaupt keinen Versuch mehr zu unternehmen, sich aus dem Wald zu versorgen. Leute wie Ogburn und Malpighi würden eher daran denken, Nachschub zu *stehlen.* Sie besitzen immer noch Schußwaffen – vielleicht fahren sie Richtung Norden, dem Fischerboot nach, das Sie gesehen haben.«

Ich wandte mich an Nieland, der langsam wieder zu Atem und Fassung kam.

»Was meinen Sie?« fragte ich.

»Ich glaube nicht, daß sie im Stützpunkt bleiben«, sagte er. »Nicht nach dem, was sie getan haben. Sie werden das Weite suchen, und sei es nur, um vom Schauplatz der Tat fortzukommen.«

Es klang plausibel genug. Aber ich blieb trotzdem ein wenig unruhig. Wenn die fremden Wesen unsere früheren Genossen wirklich fanden und sich in optimistischer Freundschaft näherten . . .

Aber wir konnten so oder so nichts tun. Nichts außer warten.

11

Das Dorf wurde am Abend lebendiger. Aus allen Richtungen kamen die Leute, obwohl nicht festzustellen war, ob sie nach weiteren Menschen gesucht hatten oder einfach ihren Tätigkeiten nachgingen.

Als es dunkel wurde, schürten sie die Feuer in der Dorfmitte und hämmerten in der Nähe einen Pfahl in den Boden. Im ersten Augenblick hielt ich das für ein unheilvolles Anzeichen, aber mit einiger Feierlichkeit befestigten sie an der Spitze die Lampe, die ich dem Weisen gegeben hatte, und drehten die Lichtstärke voll auf. Sie gleißte wie eine Miniatursonne, aber weißlich.

Ich beobachtete sie von der Tür aus, als sie das reine, weiße Licht bewunderten. Es schien großen Eindruck zu machen. Dann holte jemand eine Trommel und begann sie zu schlagen. Ein anderer fiel ein.

In Dschungel-Melodramen gibt es immer Trommeln. Sanders vom Strom war fortwährend von drohender Trommelei umgeben, und die schwächlicheren Träger der weißen Bürde bekamen vor ruhelosen Eingeborenen stets das Zagen. Aber das hier war Tanzmusik.

»Ich glaube, es gibt eine Feier«, sagte ich zu Mariel. »Wir scheinen aber nicht eingeladen zu sein.«

»Wir könnten ja einfach hinausschlendern«, meinte sie. »Die Tür ist nicht bewacht. Wir sind keine Gefangenen.«

Ich überlegte. In der Hütte war es ziemlich dunkel und nicht sehr behaglich. Ich wußte, daß Nieland ängstlich war, aber ich hatte genug davon, in den Kulissen herumzusitzen.

Als ich zum Licht ging, wo der ganze Stamm sich zu versammeln schien, begann das Geheul. Es so zu beschreiben, ist vielleicht ein wenig ungerecht, aber es war wirklich kein ästhetisch angenehmes Geräusch. An der Art, wie diese Leute sprachen, war wenig Melodisches, und ihr Gesang war noch schlimmer. Nur eine Stimme übernahm jeweils die Führung, aber sehr viele andere murmelten stets eine Art Chor und lieferten einen Rhythmus, ohne den Solisten zu übertönen. Der Solopart wurde ungefähr jede halbe Minute von Stimme zu Stimme weitergereicht. Frauen kamen ebenso an die Reihe wie Männer, aber zumeist waren es die älteren Stammesangehörigen, die teilnahmen. Einige Kinder tanzten – jedes allein und nach eigenem Gutdünken, aber fast alle anderen saßen oder knieten in einem großen Kreis um die Feuer und die einzelne Lampe auf ihrem Pfahl.

Es war nichts besonders Feierliches an dem, was geschah – die Knienden beteten nicht, sie machten es sich nur bequem. Wir zwängten uns nicht nach vorne durch, sondern setzten uns hinten auf den Boden. Die fremden Wesen machten uns Platz, und unsere Nachbarn starrten uns verstohlen an. Sie schienen nicht überrascht oder erbost darüber zu sein, daß wir herausgekommen waren.

Das Lied war, so vermutete ich, gesammeltes Wissen und Tradition des Stammes, in Abschnitte eingeteilt. Niemand mußte alles kennen, aber jeder kannte vermutlich das meiste. Jeder Part konnte von irgendeinem aus einem Dutzend der älteren Stammesmitglieder übernommen werden, und selbst die Kinder kannten wahrscheinlich ein paar Verse. Wir lauschten stumm, ohne ein Wort zu verstehen. Es war nicht schön, aber faszinierend, und der Rhythmus war, obwohl schnell, beinahe hypnotisierend. Vielleicht würden sie gegen Ende des Liedes neue Verse erfinden – Verse über uns. Etwas Neues zu besingen.

Ich ließ mich vom Rhythmus gefangennehmen. Ich konnte beinahe so empfinden, als gehörte ich dazu. Die Möglichkeiten, die in dieser Situation immer noch steckten, erschreckten mich nicht mehr. Für den Augenblick war alles gut.

Plötzlich nahm ich links eine Bewegung wahr, ich hob den Kopf und sah den Mann mit dem Federkopfschmuck und zwei Begleiter zwischen den Zuschauern auf mich zukommen. Der Gesang ging weiter, so daß er nicht zu sprechen versuchte, aber er streckte mit einer auffordernden Bewegung die Hand aus. Mariel hatte noch nichts bemerkt, und ich berührte sie an der Schulter. Nieland hatte den Kopf schon gehoben.

Ich trat vor, und der andere ergriff meinen Arm mit seiner schmalfingrigen Hand. Ich konnte spüren, wie stumpfe Krallenrudimente sich in meine Haut drückten.

Er entblößte die Zähne zu einem, wie mir schien, beginnenden Lächeln oder leisen Lachen. Ich lächelte zurück.

Und er wurde zurückgeschleudert, als hätte ihn eine Riesenfaust gepackt.

Die Zeit schien zu gerinnen, als er mit hochgerissenen Armen hinstürzte, während eine der verkümmerten Krallen sich kurz in meinem Ärmel verhakte. Er gab einen Laut von sich, der nur im Ansatz ein Schrei war.

Aus seiner Brust ragte ein zehn Zentimeter langer Schaft, säuberlich mit Holzsplittern gefiedert.

Ich hatte gerade noch Zeit, das wahrzunehmen, bevor das Kreischen anfing und die Hölle loszubrechen schien. Schlagartig war alles auf den Beinen und stürzte mit Derwischgeheul auseinander.

Ich hob Mariel hoch und stieß sie zu der Hütte, aus der wir gekommen waren.

»In Deckung!« schrie ich. Ich machte mir nicht die Mühe, nach Nieland zu sehen – er konnte selbst für sich sorgen. Ich folgte Mariel, als sie zu den Schatten in der Hütte hetzte. Wir kamen jedoch zu spät. Jemand anderer lief vor uns in diese Richtung – eine der Frauen, vermutlich jene, mit der wir zu Abend gegessen hatten. Sie hatte Anspruch darauf – es war ihre Hütte –, aber sie erreichte sie nie. Etwas anderes kam aus der Lücke zwischen den Hütten und hieb sie mit einem brutalen, seitwärts geführten Schlag nieder. Es war ein fremdes Wesen, und es sah genauso aus wie jedes andere, aber *sie* konnten den Unterschied erkennen. Ein Kind, das neben mir lief, fuhr herum und hetzte in die andere Richtung.

Ich nahm den Wink auf. Ich lief seitlich davon und zog Mariel mit. Ich wußte nicht, wohin ich rannte, war aber entschlossen, so schnell wie möglich dort hinzukommen. Ein neuer Schatten gähnte einladend neben einer Hütte, und ich lief hinein, die Außenwand entlang und hinten herum. Dort versuchte ich geradewegs in den Urwald hineinzustürmen, aber ich hatte die Wände des Einschnitts vergessen. Ich prallte an eine Felswand und fluchte laut. Ich preßte mich an das Gestein und begann mich weiterzutasten. Mariel war immer noch bei mir und hielt ihre Hand an meinem Arm, ohne ihn aber zu umklammern. Nach fünf oder sechs Metern an der rauhen Oberfläche fand ich wieder Vegetation und begriff, daß ich gegen einen Vorsprung gelaufen war. Dahinter gab es einen dreieckigen Spalt – nicht gerade ein

Versteck, aber wenigstens waren wir aus dem Weg.

Ich schlüpfte hinein und zog Mariel mit. Wir blieben regungslos stehen und lauschten. Sehen konnten wir nichts – das Laub über unseren Köpfen verdeckte die Sterne fast ganz, und die Hütten blockierten das Licht der Laterne und der Feuer.

Das Kreischen hielt immer noch an, und wir brauchten die Sprache nicht zu verstehen, um das Durcheinander von panischen Entsetzensschreien und das Triumphgebrüll der Eindringlinge unterscheiden zu können. Bei allem konnte ich meinen Herzschlag spüren, pochend wie ein Hammer.

»Wir müssen versuchen zu fliehen«, zischte Mariel. »Das hört sich nach einem Massaker an.«

Es gab keine direkten Hinweise darauf, wie der Kampf verlief, aber die Angreifer waren in jeder Beziehung im Vorteil. Sie hatten Zeit genug gehabt, ihre Kräfte zu gruppieren und sich den richtigen Augenblick auszusuchen. Unsere Leute hatten ihre Waffen nicht parat, und sie waren überdies damit nicht gerade reichlich gesegnet. Ich wollte nicht blindlings herumlaufen, aber auch nicht warten, bis die Schlächter kamen.

»Okay«, flüsterte ich. Ich begann an der Wand der Kluft entlangzuschleichen zum unteren Ende des Dorfes, wo sich der Damm befand.

Ich wußte, daß es am Teich eine Art Engpaß gab, rechnete aber damit, daß wir, wenn wir dort hindurchkamen, es geschafft hatten, vor uns nichts als ein unendliches Meer von Bäumen. Es gab aber keine Möglichkeit, lautlos durch die Vegetation zu gelangen, und wenn sich im Engpaß jemand aufhielt . . .

Schritt für Schritt kamen wir vorwärts, mit den Augen erfolglos die Dunkelheit absuchend.

Ein schwaches Geräusch ganz in der Nähe. Ein Scharren. Als der Gedanke mich durchzuckte, daß ich das Geräusch *kannte*, wurde das augenblicklich bestätigt. Ein Zündholz flammte auf . . .

Und der gelbliche Lichtschein beleuchtete das Fellgesicht eines fremden Wesens, das ganze zwei Meter dreißig groß sein mußte.

Seine hellen, braunen Augen schimmerten im Licht der Flamme wie Gold. Ich sah, wie der Mund sich öffnete und die spitzen Zähne zeigte.

Ich zielte mit einem Tritt dorthin, wo ich seine Leistengegend vermutete, und er ächzte, als mein Stiefel seinen Oberschenkel traf. Reflexartig schoß ein sehr langer Arm hinaus und stieß mich zurück. Das Streichholz erlosch nicht, und ich sah, wie sich sein Mund bewegte, um ein spuckendes Zischen und ein klickendes Geräusch zu erzeugen. Ich hob die Hand, um mein Gesicht zu schützen, wußte aber schon, daß es hoffnungslos war. Mariel, die hinter mir stand, gab die ächzende Andeutung eines Schreies von sich.

»Ver'm'er Iriot«, zischte eine Stimme. »Nich' rü'r'n.«

Ein, zwei Sekunden lang konnte ich einfach nicht glauben, daß es das Wesen war, das gesprochen hatte. Ich hatte gesehen, wie sein Mund sich bewegte, aber das schien einfach nicht möglich zu sein. Die Aussprache war miserabel, aber die Worte waren unverwechselbar. Ich erstarrte einfach, völlig verwirrt.

Wenn man es genau nahm, war es genau das, was er von mir verlangt hatte.

Das schwache Licht flackerte in seiner Hand, und er drehte das Streichholz, damit es nicht erlosch. Er ließ die Hand ein wenig sinken, damit sein Körper beleuchtet wurde. Auch sein Körper war ein Schock. Zum einen trug er Kleidung. Nicht viel, aber genug – eine ärmellose Tunika aus einem lederartigen Stoff, und einen kurzen Rock oder Kilt aus dunkelblauem Material. Er hatte einen Gürtel umgeschnallt; in einer Scheide steckte ein gefährlich aussehendes Messer. Was noch erstaunlicher wirkte, war das, was er in der anderen Hand trug. Es war eine Armbrust, ungefähr eineinviertel Meter lang, mit einem metergroßen Bogen. Über der Schulter hing ein Köcher mit Pfeilen. Er war sozusagen bis an die Zähne bewaffnet.

Irgendwo hinter uns ging eine der Hütten in Flammen auf. Die Mattenwände und das trockene Dach loderten rasch empor. Im Licht der Flammen konnten wir etwas mehr sehen als in dem des

Streichholzes, das nun erlosch. Hinter dem Wesen, das uns aufgehalten hatte, standen zwei andere stumme Gestalten, die ausdruckslos warteten.

Eine von ihnen war ein fremdes Wesen, ähnlich gekleidet, aber nur mit einem schweren Holzknüppel bewaffnet.

Die andere war ein Mensch. Er war etwas kleiner als ich, schmal, mit hellbraunen Haaren und Augen, die den Feuerschein ebenso widerspiegelten wie die des fremden Wesens. Er sah mich geradewegs an, mit dem Ansatz zu einem grimmigen Lächeln. Er schien nicht überrascht zu sein, mich zu sehen.

»Okay«, sagte der mit dem Streichholz. »All's okay. Ru'g blei'm. Is bal' vo'bei.«

»Was, zum Teufel, *tun* Sie?« flüsterte ich. Ich hatte hundert Fragen, aber diese hatte Vorrang.

»Wir retten Sie vor den Wilden«, sagte der Mensch. Seine Stimme klang trocken und tonlos. Ich konnte nicht beurteilen, ob das eine schlichte Feststellung war oder ob er es sarkastisch meinte. Seine Augen blieben auf mein Gesicht gerichtet und starrten ebenso fasziniert wie ein Dutzend Augenpaare während des Tages bei den fremden Wesen.

»Sie haben uns nichts getan«, flüsterte ich. »Sie waren freundlich. Wir sind nicht in Gefahr gewesen.«

Der Mensch schüttelte den Kopf.

»Urwaldwilde«, sagte er.

»Machen Sie Schluß damit!« sagte ich mit normaler Stimme. »Wenn Sie damit angefangen haben, dann sorgen Sie dafür, daß Schluß gemacht wird.«

Er blickte über meine Schulter. Mehrere andere Hütten waren angezündet worden, und es gab jetzt genug Licht, um sein Gesicht zu erhellen. Ich drehte mich um, um ebenfalls hinüberzublicken. Der Lärm legte sich, ebenso der Kampf. Die Gestalten, die jetzt durch die Lichtung eilten, waren alle bekleidet, obschon manche statt Röcken Lendenschurze trugen und andere Hemden aus dünnerem Stoff als die Lederwesten. Ich konnte von den Waldbewohnern niemand sehen außer den Toten am Boden, unter denen Männer, Frauen und Kinder waren.

»Die übrigen sind in den Wald gelaufen«, sagte die trockene Stimme. »Es ist alles vorbei. Sie sind in Sicherheit.«

Ich sah zwei Gestalten auf uns zukommen, vor dem Feuerschein abgezeichnet. Eine war hochgewachsen und schmal, die andere klein und stämmig. Auch Nieland war ›gerettet‹ worden.

»'s okay«, sagte das fremde Wesen, das mir den Weg versperrt hatte. »Wi' au' Ihr' Seit', wi'n Sie.«

Ich schaute mich nach dem Menschen um.

»Wer sind Sie?« fragte ich scharf.

»Mein Name ist Verheyden«, erwiderte er. »Jan Verheyden. Das ist Al'ha.«

Das fremde Wesen mit der Armbrust ließ die Waffe fallen, fing sie zwischen den Beinen auf und streckte die Hand aus.

»F'eut mi', Sie kenn'lern'«, sagte er.

Zu benommen, um klar denken zu können, ergriff ich seine Hand und ließ zu, daß er die meine schüttelte.

»Ich bin Alexis Alexander«, sagte ich. »Aber Sie *verstehen* nicht. Wir sind nicht gefangengehalten worden. Sie wollten uns nichts tun.«

Jan Verheyden zuckte unbewegten Gesichts mit den Schultern.

»Was spielt das für eine Rolle?« sagte er. »Urwaldwilde.«

Al'ha ließ meine Hand los.

»Wilde«, wiederholte er, als erkläre das alles.

Ich begriff, daß sie sehr wahrscheinlich doch begriffen. Es war ihnen einfach gleichgültig. Für sie waren die Wilden nur Ungeziefer. Al'ha sah genauso aus wie sie – bis hin zur Zeichnung des Fells, soviel ich sehen konnte. Aber er hatte wie das Wesen, das die Frau niedergestoßen hatte, keine Schwierigkeiten, Unterschiede zu machen.

Ich spürte, wie der Zorn in mir verebbte, weil er hilflos war, sich Ausdruck zu verschaffen.

Ich beobachtete den Ausdruck fassungslosen Erstaunens auf Nielands Gesicht, als er vor Jan Verheyden stand. Er hatte einen

Tag voller Überraschungen erlebt. Immerhin, er hatte die ›New Hope‹ gebaut, um Abenteuer zu finden. Für sein Geld bekam er mehr als genug.

»Was nun?« sagte er in einem Ton, der über alle Verwirrung hinausging.

Ich blickte von seinem Gesicht zu dem Verheydens und wieder zurück.

Ja, was nun? fragte ich mich auch.

12

»›Ilah'y'sa‹ ankert vor einem kleinen Dorf an der Küste«, sagte Jan Verheyden. »So weit südlich kommen wir gewöhnlich und tauschen gewebte Stoffe und Metallgerätschaften gegen Rohstoffe – zumeist Öl von verschiedenen Meeresbewohnern. Es gibt dort in Küstennähe am Meeresgrund sehr tiefe Stellen, und die örtlichen Fischer bauen Rampen vom Ufer aus, um sie ganz ohne Boote zu fangen. Unglaublich. Sie haben viel Schwierigkeiten mit den Wilden – sie balgen sich ständig und überfallen einander. Eine Dhau brachte die Nachricht nach Norden, daß hier ein großes Schiff gesehen worden sei, aber erst als die Dorfbewohner behaupteten, es gesehen zu haben, nahm ich das wirklich ernst. Wir wußten nicht, wie weit südlich Sie gefahren waren und konnten die ›Ilah'y'sa‹ nicht nach Süden bringen, weil ein Teil der Ladung verderblich war. Wir gingen aber landeinwärts auf die Jagd, und einige Fährtensucher aus dem Dorf entdeckten Ihre Spur, wo die Wilden Sie an diesem Morgen gefunden hatten. Wir fanden Ihr Lager, aber das Schiff war schon abgefahren. Wir nahmen Ihre eigene Spur wieder auf, allerdings wurde es dunkel, während wir Ihnen noch folgten. Ein Angriff schien das Logische zu sein. Sie haben großes Glück. Wenn wir Sie nicht gefunden hätten, wären Ihre Aussichten, die Zivilisation zu erreichen, gering gewesen, ob die Wilden nun freundlich waren oder nicht.

Und Sie können den Wilden nicht trauen. Wir hatten Probleme mit ihnen im Westen, im Süden . . . überall.«

Wir saßen in einer der wenigen Hütten, die nicht ausgebrannt waren. Die Lampe mit der Brennstoffzelle hatten wir wieder an uns genommen. Das Wesen, dem ich sie gegeben hatte, brauchte sie nicht mehr, und sein Stamm – was davon noch übrig war – hatte sich im Wald zerstreut. Wir waren nur fünf – wir drei ›Geretteten‹ und unsere beiden maßgeblichen Retter: Jan Verheyden, Kapitän des schönen Schiffs ›Ilah'y'sa‹, und seine riesenhafte Vertrauensperson Al'ha. Der Rest der Angreifer hatte aus fremden Wesen vom Küstendorf und Verheydens Schiffsbesatzung bestanden.

Es gab tausend Dinge, die ich wissen wollte, aber es fiel mir schwer zu überlegen, wo ich anfangen sollte.

Jan Verheyden wirkte jetzt angespannt und unsicher. Seine Stimme war immer noch bewußt tonlos und ohne Ausdruck, aber ich konnte jetzt die Besorgnis erkennen, die ihn unter Druck setzte. Unsere Ankunft war die Wurzel dieser Beunruhigung, aber ich begriff nicht recht, warum.

»Bernhard Verheyden muß Ihr Vater gewesen sein«, sagte Nieland und bewahrte mich vor der Sorge, nicht zu wissen, wo ich anfangen sollte.

»Richtig«, sagte Jan.

»Was ist aus der ›Floreat‹ geworden?«

»Sie ging unter. Weit nördlich von hier. Nur acht Leute kamen in einem der Boote davon. Zwei starben einen Tag nach der Landung. Mein Vater, meine Mutter . . . und vier andere . . . blieben am Leben. Sie sind jetzt alle tot. Mein Vater starb Anfang vorigen Jahres.«

»Und jetzt sind Sie allein?«

»Nein«, sagte er, von der Frage ein wenig überrascht. »Wir sind zu fünft. Vier Brüder und eine Schwester. Piet ist der Älteste, Charles und Christian sind jünger als ich, und Anna steht dazwischen. Wir führen seine Arbeit fort. Piet hat das schon in seinem letzten Lebensjahr übernommen . . . er war lange krank . . .«

Mir fiel etwas Merkwürdiges auf, während Jan Nielands Fragen beantwortete. Sein Blick irrte ständig ab, nicht aus Verlegenheit oder Verwirrung, sondern weil sich im Zimmer etwas befand, das ständig seine Aufmerksamkeit auf sich lenkte und seine Blicke immer wieder anzog. Es war die Laterne.

Ich berührte sie mit den Fingerspitzen.

»Ist sie zu hell?« fragte ich. »Oder möchten Sie, daß ich etwas wärmer stelle?«

Er schüttelte den Kopf.

»Das kommt von Lambda?« fragte er zögernd.

Ich begriff, warum er gerätselt hatte.

»Oh!« sagte ich. »Nein. Sie kommt von der Erde.«

Seine Fassade verrutschte endlich, als sein Gesicht totale Überraschung zeigte.

»Von der Erde!« sagte er, als wären ihm die Worte ungewollt entrissen worden.

»Tut mir leid«, sagte ich ein wenig erfreut darüber, ihn aus dem Gleichgewicht gebracht zu haben. »Ich hätte mich präziser vorstellen sollen. Ich bin mit einem Raumschiff hergekommen – mit einem Versorgungsschiff, das den Kolonien helfen soll. Mariel ist ebenfalls von der Erde.«

Sein Blick zuckte zu Nieland zurück.

»Ich bin von Lambda«, sagte Nieland. »Ich habe das Schiff – die ›New Hope‹ – gebaut, um in die Fußstapfen Ihres Vaters zu treten. Ich hielt es für wichtig, daß jemand anderer zu tun versuchte, was Ihr Vater unternommen hatte. Es tut mir schrecklich leid, daß es so lange gedauert hat. Wir konnten ja nicht wissen, daß jemand am Leben geblieben war. Wir hätten früher neu *beginnen* sollen, aber vielleicht wissen Sie etwas von den Schwierigkeiten der Kolonie.«

Er sah uns jetzt alle mit neuen Augen an, und es kam mir vor, als blicke er viel wohlwollender auf Nieland als auf Mariel oder mich. Er war bereit gewesen, alles an uns für selbstverständlich zu nehmen, nur um sein Gefühl zu erhalten, völlig Herr der Lage zu sein. Aber nun gab es Fragen, die er stellen mußte.

»Was ist aus Ihrem Schiff geworden?« sagte er zu Nieland. »Warum sollten die Leute heute morgen davonfahren? Kommen sie zurück?«

Nieland wurde rot. Er schien für einen Augenblick seine Stimme zu verlieren.

»Sie haben . . . gemeutert«, krächzte er. Er fand seine normale Stimme wieder und fuhr fort: »Wir sind hier ausgesetzt. Genau wie Sie . . . früher. Die ›New Hope‹ ist fort . . .«

Er wollte weitersprechen, um auf das kleine Problem der Schiffsvorräte oder ihres Fehlens zu kommen, aber Mariel ging mit einer Frage dazwischen: »Ihre ›Ilah . . .‹« Sie stolperte über den Namen und gab auf. »Kann sie den Ozean überqueren?«

Ich wunderte mich zuerst darüber, daß sie die anderen unterbrochen hatte – das war ganz und gar nicht ihre Art. Es sprang ins Auge, daß sie einen Grund dafür hatte, nicht verlauten zu lassen, daß die ›New Hope‹ noch nicht weit gekommen sein mochte. Der flüchtige Einfall wurde jedoch verdrängt, als Jan Verheyden ihre Frage beantwortete.

»Sie ist ein gutes Schiff«, sagte er. »Etwas kleiner als die ›Floreat‹, etwas weniger Besegelung . . . aber ich wäre bereit, mich mit ihr aufs Meer hinauszuwagen. Ich . . .« Er verstummte plötzlich. Er hatte die Frage so beantwortet, als sei sie eine rein hypothetische, die am Vermögen seines Schiffes zweifelte, und war rasch zur Stelle gewesen, sie zu verteidigen. Aber jetzt begriff er, daß es keine hypothetische Frage war, sondern eine praktische.

»Dann könnten Sie uns nach Hause bringen!« rief Nieland. Auch ihm entging der springende Punkt.

»Sie haben nicht versucht, zur Kolonie zurückzukehren?« fragte ich leise. Die Frage war rhetorisch, aber sie lud ihn auf feine Art ein, eine Antwort zu geben, wenn er dazu neigte.

Sein Gesicht nahm wieder einen entschiedenen Ausdruck an. Er wechselte einen Blick mit Al'ha, der geduldig zuhörte.

»Ak'lehr ist meine Heimat«, sagte er. »Die Ore'l sind mein Volk. Das ist die einzige Welt, die wir kennen.«

»Und Ihr Vater?« fragte Mariel, tief in den Kern der Sache vorstoßend, so wie sie sie sah. »Wollte er nicht zurückkehren?«

»Nein«, sagte Jan tonlos. »Keinen einzigen Augenblick.«

»Ich verstehe nicht«, sagte Nieland.

Jan stand plötzlich auf. Seine Stimme veränderte sich wieder, diesmal zum Befehlston.

»Jetzt keine Fragen mehr«, sagte er. »Wir müssen alle schlafen. Sie können zu dritt diese Hütte haben. Ich schlafe bei meinen Leuten. Morgen früh kehren wir zur ›Ilah'y'sa‹ zurück. Wir müssen ohne weitere Verzögerung nach Ak'lehr. Ich habe Fracht, die keinen Aufschub verträgt.«

»Wir müssen zuerst zum Lager zurück«, sagte ich.

»Warum?« fragte er scharf.

»Zum einen hatte ich da wertvolle Ausrüstung liegen«, sagte ich, »und ich will sie wiederhaben, wenn die Meuterer sie nicht gestohlen oder zerstört haben.« Ich machte mir nicht die Mühe, den zweiten Grund anzugeben, nämlich daß ich holen wollte, was Mariel flußaufwärts vom Lager versteckt hatte.

»Also gut«, sagte Jan. »Aber wir dürfen uns nicht lange aufhalten.« Damit ging er hinaus. Al'ha folgte ihm.

Nieland wollte sich noch einmal beklagen, daß er nichts verstehen könnte, aber ich winkte ab.

»Worum geht es im Grunde?« sagte ich zu Mariel.

»Ich bin mir nicht ganz sicher«, gab sie zurück. »Aber ich fange ganz vorne an. Er hat gelogen, als er die Geschichte von der Jagd erzählte. Sie sind hierhergekommen, um die ›New Hope‹ zu suchen – und sie benützten den Landweg, weil sie sich nicht groß ankündigen wollten, indem sie mit einem großen Schiff den Strom hinauffuhren –, sie hätten nicht einmal mit einem Kanu ungesehen herankommen können. Das war eine direkte Lüge. Er hat nicht direkt gelogen, als er davon sprach, uns vor den Waldbewohnern gerettet zu haben, aber er hat auch nicht die Wahrheit gesagt. Er hat uns – wie soll ich es ausdrücken? – um der Sicherheit willen aus ihrer Obhut geholt. Er ist froh, daß die ›New Hope‹ fort ist, und es wird ihn noch froher machen, wenn er nicht weiß, daß sie zurückkommt. Es ist Ihnen aufgefallen, daß er nicht gerade glücklich darüber war, zu erfahren, daß wir von der Erde kommen. Das war, was ihn betrifft, eine unerwartete Komplikation, aber ich bin mir nicht ganz sicher, was es kompliziert. Ich vermute, er befürchtet, daß vielleicht noch mehr Menschen von der Erde um seine Ohren herumsummen und uns suchen. Es wäre ganz gut, wenn wir vergessen würden, ihn in diesem Punkt zu beruhigen.

Es gab eine gewaltige Gefühlsaufwallung, als er danach gefragt wurde, ob sein Vater nach Hause gewollt habe. Es war ein sehr heikles Thema – aber er hat nicht gelogen, als er sagte: ›Niemals.‹ Wie wir das auslegen sollen, ist unklar, aber ich glaube, daß es unter den Überlebenden des Schiffsuntergangs große Auseinandersetzungen gegeben hat. *Einige* von ihnen wollten nach Hause. Aber Verheyden – der Vater, meine ich – hat vermutlich anders entschieden. Sie vielleicht sogar an einer Rückkehr gehindert. Wenn Sie meinen Rat hören wollen, sollten wir alle nicht von einer Rückkehr nach Lambda sprechen. Denn der Gedanke behagt ihm nicht. Was immer seine Gründe sein mögen, zu bleiben, sie sind gewichtig.«

»Mit einem Wort«, sagte ich, »vor unserer Rettung waren wir keine Gefangenen, aber jetzt sind wir es.«

»Wir könnten es sein«, bestätigte sie, »wenn wir entschlossen sind, eine Streitfrage daraus zu machen.«

»Sie meinen, wir sollten mitspielen?«

»Wobei?« unterbrach uns Nieland plötzlich aufgebracht. »Was geht hier vor?«

Er kannte sich überhaupt nicht aus. Er wußte nichts von Mariels Begabung. Sie war nichts, was wir gern hinausposaunten. Jemand mit einer Empfindlichkeit für den Sinn, der hinter anderer Leute Worten liegt, ist sehr nützlich, aber es ist ausgesprochen undiplomatisch, das Vorhandensein einer solchen Person publik zu machen.

»Na, hören Sie«, sagte ich. »Das ist überaus seltsam – soviel müssen Sie doch erkennen. Wir sind bei weitem nicht aus den Schwierigkeiten heraus. Aus dem Regen weiß Gott wohin. Jan

Verheyden mag zwar ein Mensch sein, aber das macht ihn in diesem heidnischen Land noch nicht zu unserem Schutzengel. Ogburn war auch ein Mensch. Jan ist nicht gerade entzückt davon, uns hierzuhaben – er hat uns gerettet ... oder entführt, wenn man es weniger positiv sehen will ... weil er uns angesichts der Tatsache, daß wir nun schon einmal hier waren, unter *seiner* Kontrolle haben wollte. Uns nach Lambda zurückzubringen, ist das letzte, woran er denkt.«

»Aber warum denn?« fragte Nieland hilflos.

»Wir haben Zeit genug, das herauszufinden«, sagte ich. »Aber wenn ich dreimal raten darf, wüßte ich, was Grund Nummer eins wäre. Jans Vater beschloß, das Beste aus der Sache zu machen. Er hatte den fremden Wesen viel zu bieten, wenn er sie nur davon überzeugen konnte, daß es sich lohnte, ihn anzuhören. Er hat ein Reich aufgebaut. Er hat die gute Fee gespielt. Siebenunddreißig Jahre lang hat er hier eine technologische Revolution inszeniert. Und seit er tot ist, haben seine Kinder das Kommando übernommen. Sehen Sie nicht, was für eine Gelegenheit ihm hier geboten worden ist? Eine entstehende Zivilisation im Norden – ein ganzer Kontinent, um sich auszudehnen. Das ist Lambda in seiner Umkehrung. Alle Probleme, an denen Lambda krankt, sind hier bedeutungslos. Es gibt kein Problem der wechselseitigen Anpassung, keinen Mangel an Arbeitskraft. Das einzige, was den fremden Wesen fehlt, ist das einzige, was Lambda besitzt – Know-how. Das Wissen, die Rohstoffquellen auszubeuten, die sie schon gefunden haben müssen. Nach einem Leben der Enttäuschung in der Kolonie, überlegen Sie sich, was für ein Potential die fremde Kultur ihm geboten haben muß!«

Nieland schüttelte den Kopf.

»Das kann ich verstehen«, sagte er. »Er war hier gestrandet. Er muß gewußt haben, daß es lange Zeit kein neues Schiff geben würde – vermutlich glaubte er, es würde nie eines kommen. Er half also den fremden Wesen, ihre Ressourcen zu entwickeln. Daran ist nichts Schlechtes. Aber warum beschloß er zu bleiben, als es möglich geworden war, heimzukehren? Und warum dieser

Argwohn und diese Feindseligkeit auf seiten seines Sohnes?«

»Schuldbewußtsein«, sagte Mariel. »Nur Schuldbewußtsein. Bernhard Verheyden hatte vermutlich das Gefühl, daß er durch das, was er tat, in irgendeiner Weise zum Verräter wurde. Vielleicht empfand er Groll gegen die Kolonie – Sie müssen wissen, daß das leicht genug fallen würde. Die Hälfte der Leute in Lambda dachte, Sie wären verrückt und gefährlich. Sie mißbilligten, daß Sie wichtige Hilfsmittel mit Beschlag belegten, um die ›New Hope‹ zu bauen. Zu seiner Zeit war es vermutlich nicht anders. Als er sich mit den fremden Wesen zusammentat, muß er das als totalen Bruch gesehen haben. Schuldbewußtsein und Groll wirkten aufeinander und entwickelten sich in seinem Inneren zu eiserner Entschlossenheit. Und das hat er an seine Kinder weitergegeben. Es ist Haß in Jan – schlichter Haß. Auf die Kolonie, auf die Menschheit. Den hat er nicht von den fremden Wesen. Er kann ihn nur von seinen Eltern haben. Er will mit der Kolonie nicht das geringste zu tun haben. Vor allem soll die Kolonie nicht wissen, was er tut – er und seine Geschwister. Er hat sein Gemüt verschlossen, so daß es nur noch Delta enthält und alles außerhalb ist . . . nun, einfach *außerhalb*. Er ist nicht ganz bei Verstand, wissen Sie. Nicht nach unseren Maßstäben.«

Nieland verdaute das alles. Er griff es nicht an, obwohl er offensichtlich daran zweifelte. Ich nicht – ich vertraute Mariel genug, um zu wissen, daß sie sich nicht zu wilden Vermutungen verstieg. Alles beruhte auf Mutmaßungen, aber im Rahmen dessen, was sie hinter Jans Worten herausgelesen hatte, mußte es Sinn ergeben. Ihr Talent war so wirksam wie nur je. Nieland konnte das nicht wissen, aber die bloße Gewißheit ihrer Worte drängte ihn in eine Ecke. Er hatte nichts, was er an die Stelle der von ihr konstruierten Geschichte setzen konnte.

»Wenn das so ist«, sagte er mit sorgenvoller Stimme, »was folgt jetzt?«

»Das hängt von Jan ab. Er bringt uns zurück nach Soundso . . . der Hauptstadt der Nation. Vermutlich ist das nicht allein seine Entscheidung. Ich weiß nicht, ob sein älterer Bruder das Sagen hat, oder ob die fünf als eine Art Mini-Demokratie fungieren, aber so oder so hängt es nicht allein an Jan. Wir werden Gelegenheit bekommen, ihnen klarzumachen, wie es von unserer Warte aus aussieht. Und wenn nicht . . .«

»Nun?«

Ich zuckte mit den Schultern.

»Woher soll ich das wissen? Wir schließen uns dem Haufen vielleicht an. Wir kapern ein Schiff. Wir kapern das Reich. Wir werden für den Rest unseres Lebens in ein dunkles Verlies geworfen. Soviel ich sehen kann, ist nur eines sicher.«

»Nämlich?«

»Wenn wir recht haben«, sagte ich, »und Papa Verheyden wirklich den fremden Wesen alles mitgeteilt hat, was er wußte – was eine ganze Menge gewesen sein muß –, dann hat dieses fremde Reich eine blendende Zukunft. Und wenn sie, sobald die Zeit sich erfüllt, aus ihren eigenen Gründen beschließen, Lambda *doch* einen Besuch abzustatten . . . dann kommen sie als Eroberer.«

13

Am Morgen bekam ich erstmals Gelegenheit, das Ausmaß des Blutbads zu beurteilen.

Es war ein Übelkeit erregender Anblick. Die Angreifer hatten während der Nacht ein wenig aufgeräumt. Sie hatten die Leichen eingesammelt und sie alle in eine der Hütten geworfen, bevor sie sie anzündeten. Die Hütte hatte gebrannt wie eine Fackel, aber die Masse von totem Fleisch darin nicht – das trockene Gras und Holz und Laub hatten nur darauf gebrannt. Die Leichen waren verkohlt, aber noch erkennbar Leichen. Zumeist Erwachsene, aber auch Kinder. Vielleicht im ganzen dreißig Personen. Etwa ein Drittel der gesamten Einwohnerschaft des verwüsteten Dorfes. Ich stellte mir nicht die Frage, wie viele ›zivilisierte‹ fremde

Wesen umgekommen waren. Vielleicht eines oder zwei ... vielleicht gar keines. Ich sah die Sieger am nächsten Tag zwischen den Ruinen herumgehen. Sie schienen ihre Umgebung gar nicht wahrzunehmen.

Urwaldwilde waren in ihrer Einschätzung weniger als nichts. Unter sich waren sie vermutlich so freundlich wie die Waldbewohner. Sie hielten sich wahrscheinlich für ein gutes und vernünftiges Volk. Aber ihre Ideen verliefen in starren Kanälen und vorausgegebenen Kategorien. Hätte ich ihnen erklärt, daß in meinen Augen alle ihre Arten gleich waren, hätten sie mich nicht verstehen können.

Wir marschierten in einer langen, weit auseinandergezogenen Kolonne zum Lager. Jan befand sich an der Spitze, und er zeigte kein besonderes Interesse daran, uns in der Nähe zu haben. Wir schlossen uns dem Zug in der Mitte an, mit fremden Wesen vor und hinter uns, die nicht Englisch sprechen konnten.

»Erzählen Sie mir von Bernhard Verheyden«, sagte ich zu Nieland.

Er sah mich zweifelnd an.

»Ich war Anfang Zwanzig, als die ›Floreat‹ vom Stapel lief«, erwiderte er.

»Sie waren ja kein Baby mehr«, sagte ich. »Und die Welt *ist* klein. Sie müssen von ihm gewußt haben, selbst wenn Sie nie ein Wort mit ihm gewechselt hatten. Sie müssen sich eine Meinung gebildet haben.«

»Er war ein zielstrebiger Mann«, sagte Nieland vorsichtig. »Ich bewunderte ihn wie meine Freunde. Ja, viele haßten ihn. Es gab Leute, die seine Ideen als Gefahr für die Kolonie betrachteten. Sie glaubten nicht, daß wir es uns leisten könnten, große Schiffe für Weltumseglungen zu bauen ... sie nannten das immer so: Weltumsegelung ... er war manchmal ein zorniger Mann. Ich hörte ihn ein- oder zweimal sprechen. Er verfluchte die Bauern ihrer Engstirnigkeit wegen, ärgerte sich über die Kontrolle, die sie über die Entscheidungen der Räte hatten. Wennn man ihm nur *mehr* Macht übertragen hätte ... Ich war immer der Meinung, daß er uns vielleicht aus dem Sumpf hätte herausholen können, in dem wir langsam versanken. Er hatte andere Unternehmungen im Sinn – nicht nur das Schiff. Vielmehr war das Schiff eine Art letzte Zuflucht . . .«

»Und der Grund, weshalb sie ihm nachgaben«, sagte ich, den Faden aufnehmend, »war zumindest teilweise der, ihn loszuwerden. Den Dorn aus dem Fleisch zu ziehen.«

»Ein paar«, sagte er abwehrend. »Es gab einige, die das sagten.«

»Hat man das von Ihnen auch gesagt?«

Er blickte auf den Boden, während er weitermarschierte.

»Nein«, sagte er. »Ich glaube nicht. Ich bin nie ein Dorn im Fleisch gewesen. Nicht wie er. Ich war . . . nur auf mein Ziel ausgerichtet, nehme ich an. Ich glaubte an die ›New Hope‹ – zum großen Teil deshalb, meine ich, weil sie das war, was *er* am Ende erreicht hatte. Sie schien seine Begeisterung, seine Entschlossenheit . . . seine Leidenschaft zu symbolisieren.«

Diese Worte kamen langsam, wie gegen seinen Willen aus ihm heraus. Vielleicht hatte er noch nicht darüber nachgedacht und begriff erst jetzt, daß seine Motive auf eben diese Weise vermischt waren.

»Gut«, murmelte ich. »Könnte nicht besser sein.«

»Was?«

»Jemand muß mit den Verheydens reden«, sagte ich. »Mit Jan – mit allen. Ich komme nicht in Frage und Mariel auch nicht. Wir sind von der Erde – wir sind die Unbekannte in der Gleichung. Aber Sie könnten sie zur Vernunft bringen, wenn Sie es versuchen. Sie können mit ihnen über ihren Vater sprechen. Sie können ihr Vertrauen gewinnen. Sie können sie zu der Einsicht bringen, daß sie den Kontakt mit der Kolonie wieder aufnehmen müssen. Einen freundschaftlichen Kontakt, von Nutzen für beide Seiten.«

Er sah mich unsicher an.

»Ich weiß nicht recht . . .«, begann er.

»Sie müssen«, betonte ich. »Irgend jemand muß sie zur Vernunft bringen . . . und nur wir sind dazu in der Lage. Sie können an sie herankommen, ich nicht.«

Alles, was er – in unglücklichem Tonfall – sagte, war: »Ich werde es versuchen.«

Beim besten Willen konnte ich nicht viel Vertrauen in ihn aufbringen. Seine diplomatischen Leistungen waren gering. Ein Abenteuer, eine Meuterei.

Als wir das Lager erreichten, wunderte ich mich nicht, daß darin nichts geborgen werden konnte. Sie hatten zusammengepackt und alles mitgenommen, eingeschlossen alle Ausrüstung, die schon an Land gebracht worden war. Aber der kleine Schatz, den Mariel versteckt hatte, war unberührt. Er bestand zum größten Teil aus Nahrungskonzentrat-Paketen, aber unter der Ersatzausrüstung, die sich im Laderaum befunden hatte, gab es medizinische Vorräte, fast hundert Brennstoffzellen, ein kleines optisches Mikroskop und dazugehörige Mikroinstrumente sowie Fotoausrüstung. Nicht gerade die ideale Ausstattung zum Überleben, aber durchaus wertvoll.

Jan Verheyden sah sich die Sachen mit einigem Interesse an, zeigte aber keine Neigung, sich irgend etwas davon anzueignen. Er lieh uns sogar ein paar Matrosen, damit wir alles mitnehmen konnten.

Wir verloren nicht viel Zeit mit Rasten, bevor wir den langen Marsch über Land begannen, um zu Jans Schiff zurückzukehren. Er war ungeduldig, nach Hause zu kommen – nicht so sehr, weil er sich Sorgen um seine verderbliche Fracht machte, sondern weil er seine Probleme mit den Geschwistern besprechen wollte. Seine Neugier veranlaßte ihn jedoch, seine vorherige Entschlossenheit, Distanz zu uns zu halten, aufzugeben, und er lud uns ein, sich zu ihm an die Spitze der Kolonne zu gesellen.

»Sie sagen, Sie wären mit einem Raumschiff hergekommen, dessen Zweck es ist, die Kolonien zu unterstützen«, sagte er zu mir, auf das Thema einschwenkend, das ihn am meisten interessierte.

»Das ist richtig«, bestätigte ich.

»Mein Vater sagte, es würde niemals Unterstützung von der Erde kommen. Er sagte, einer der Gründe, weshalb die Kolonisten so entschlossen seien, zu verteidigen, was sie besaßen, statt zu versuchen, die Verhältnisse zu verbessern, sei der, daß die meisten von ihnen halb glaubten, von der Erde werde Hilfe kommen, und sie brauchten nur zu warten. Aber er sagte, die Erde könne es sich nicht leisten, Schiffe zu schicken, um etablierten Kolonien zu helfen.«

»Es hat lange gedauert«, sagte ich. »Aber jetzt nehmen wir die Verbindung mit den Kolonien wieder auf. Ich bin zuversichtlich, daß wir mit der Hilfe, die wir zu leisten vermögen, die meisten Probleme der Kolonie lösen und sie wieder auf den Weg zum Fortschritt bringen können.«

Das entsprach natürlich alles der Wahrheit. Ich fühlte mich nicht gezwungen, hinzuzufügen, daß die ›Dädalus‹-Mission eine einmalige Angelegenheit sein mochte. Sollte er über die Art von Kontakt, die wir hergestellt hatten, und die Art von Hilfe, die wir bieten mochten, denken, was er wollte.

»Weshalb sind Sie nach Delta gekommen?« fragte er.

»Zu unserer Aufgabe gehört auch, herauszufinden, welche Verbindung mit fremden Rassen auf den drei kolonisierten Welten hergestellt worden ist – oder hergestellt werden könnte –, die intelligente Ureinwohner besitzen. Zu den Dingen, über die wir berichten müssen, gehört der Fortschritt, der auf dem Gebiet der Beziehungen zwischen fremden Rassen und Menschen auf den verschiedenen Welten erzielt worden ist. Wir glaubten, daß über Attica wenig mitzuteilen sein würde, fuhren aber mit der ›New Hope‹ in der Meinung, wir könnten bei einem ersten Kontaktversuch selbst behilflich sein. Offenbar haben wir uns geirrt.«

»Berichten müssen?« fragte er.

»An die UNO«, gab ich zurück. »Sie muß über die Art des zukünftigen Weltraumprogramms entscheiden. Sie muß sorgfältig planen. Was sie entscheidet, hängt in hohem Maß von den Verhältnissen ab, die wir vorfinden.«

Ich ließ ihn auch da seine eigenen Schlußfolgerungen ziehen –

in der Überzeugung, daß es die falschen sein würden. Mochte er glauben, daß diese Welt unter das Adlerauge der Erde geraten war und daß er sich vielleicht für alles, was hier geschehen war, vor einer höheren Autorität würde verantworten müssen. Ich wußte, daß Nieland aufmerksam mithörte, und hoffte, daß er keine Verwirrung stiften würde, indem er weitere Informationen gab – obschon er über die wahre Lage wenig genug wußte.

»Es ist eine weite Reise zurück nach Ak'lehr«, sagte Jan. »Sie wird acht oder neun Tag dauern. Das ist vielleicht ganz gut – es gibt Dinge, die Sie über das Reich und seine Bevölkerung wissen müssen. Es ist von entscheidender Wichtigkeit, daß Sie sich unserer Führung anvertrauen. Wir können mit den Or'el umgehen, Sie nicht. In der Hauptstadt gibt es politische Situationen, mit denen man überaus vorsichtig umgehen muß. Piet wird sie ausführlich erläutern, aber ich werde mein Bestes tun, Sie einzuweihen.«

Nun mußte *ich* das Spiel betreiben, Schlüsse zu ziehen. Es war kein ausgeglichenes Spiel, weil ich jederzeit Mariel zu den Gedanken befragen konnte, die hinter seinen Worten lagen, aber selbst ohne diese Hilfe konnte ich erkennen, worauf er jetzt hinauswollte. Wir mußten mit den Wölfen heulen – uns der ›Führung‹ der Familie Verheyden anvertrauen. Wenn sich herausstellen sollte, daß sie uns mit Freundlichkeit und Achtung behandeln mußten, und falls die Umstände sie schließlich zwingen sollten, uns nach Hause zu schicken, dann mußten wir berichten, was sie berichtet haben wollten. Jan glaubte offensichtlich, er und seine Brüder könnten Herren der Lage bleiben, selbst wenn ihre Angelegenheiten künftig nicht mehr geheim bleiben konnten.

Und da er und seine Geschwister die einzigen waren, die die fremde Sprache sprechen konnten und damit in der Lage waren, unsere Verhandlungen mit den Eingeborenen zu kontrollieren, hatte er vermutlich sogar recht.

»Wir sind ganz in Ihren Händen«, versicherte ich ihm. »Unsere Aufgabe wird viel leichter, wenn der Kontakt schon hergestellt ist – und zwar in produktivem Sinn. Ich würde sagen, Sie haben hier einen sehr guten Anfang damit gemacht, die Beziehungen zwischen fremden Wesen und Menschen auf eine freundschaftliche Basis zu stellen. Ich sehe keinen Grund, warum wir nicht einen sehr günstigen Bericht über die Lage auf Attica im allgemeinen vorlegen können sollten.«

Das war ein bißchen dick aufgetragen, hatte aber die erwünschte Wirkung. Er unterdrückte die Überraschung auf seinem Gesicht und wirkte statt dessen erfreut.

»Ich finde, Ihr Vater und Sie haben Wunder gewirkt«, sagte ich. »Ich freue mich darauf, zu sehen, was Sie in der Hauptstadt erreicht haben.«

Ich hätte gleich über die Grundlagen einer wechselseitig nützlichen Beziehung zwischen Ak'lehr und der Kolonie sprechen können, hielt es aber für das beste, ihn mit dieser Möglichkeit langsam vertraut zu machen.

Mit etwas Glück konnte ich die ganze Familie zu der Erkenntnis überreden, daß sie als Helden begrüßt werden konnten, wenn sie nur akzeptieren würden, daß ihre Aufgabe im Leben das war, was *wir* sehen wollten, statt die Art, wie sie es sahen. Mit entsprechender Unterstützung durch Nieland, dachte ich, würden wir sie vielleicht sogar zu dem *Glauben* überreden können, daß das, was sie die ganze Zeit über getan hatten, genau das war, was wir von ihnen erwartet hatten. Wenn wir nur die Haltungen überwinden konnten, die Bernhard Verheyden ihnen eingepflanzt hatte . . .

»Sie scheinen sehr viel darüber zu wissen, was wir für die Or'el getan haben«, sagte Jan argwöhnisch.

»Wir haben gestern nacht, als Sie gegangen waren, darüber gesprochen«, sagte ich entwaffnend. »Wir haben Messer aus rostfreiem Stahl gesehen, ein Fischerboot von fortschrittlicher Konstruktion, Armbrüste . . . und Sie besitzen offenbar ein ausgezeichnetes Schiff, wenn es hochseetüchtig ist. Die fremden Wesen hätten das alles nicht ohne Hilfe schaffen können. Das Ganze stellt eine großartige Errungenschaft dar.«

Nach meiner Erfahrung kann man mit Schmeichelei fast alles erreichen.

»Ja«, sagte er. »Ja, so ist es.« Seine Stimme klang befriedigt.

Es gab eine kurze Verlegenheitspause, während der er den Schwung aufbrachte, das Thema zu wechseln. Schließlich sagte er: »Was gestern nacht im Dorf geschehen ist . . . Sie mißbilligen, was wir getan haben . . . Sie glauben nicht, daß es notwendig war, die Wilden anzugreifen.«

Ich wußte, daß das schwankender Boden war, und entschied, daß die Wahrheit am besten entsprach.

»Es war ein Massaker«, sagte ich. »Sie wollten uns nichts tun.«

»Ist Ihnen klar, *warum* sie Ihnen nichts tun wollten?«

Ich zog die Brauen zusammen.

»Was meinen Sie?«

»Sie wußten von Menschen«, sagte er. »Gerüchte verbreiten sich . . . selbst so weit nach Süden. Sie hatten Messer, die in der Hauptstadt hergestellt waren – für sie müssen es magische Gegenstände gewesen sein. Ich weiß nicht, ob sie sie gestohlen oder eingetauscht haben, aber auf jeden Fall brachten sie sie mit uns in Verbindung. Als die Wilden Sie fanden, glaubten sie, Sie wären ein Geschenk ihrer Vorfahren, wissen Sie. Sie dachten, Sie wären ihnen geschickt worden, damit Sie ihnen alle wundersamen Dinge geben sollten, die wir den Leuten im Norden gegeben haben. Deshalb hieß man Sie willkommen . . . aber man hätte Sie niemals gehen lassen. *Niemals*. Wir mußten tun, was wir getan haben. Das müssen Sie einsehen.«

Ich wußte, daß vernünftig war, was er sagte. Ich war nicht auf den Gedanken gekommen, das Geschehene auf diese Weise zu erklären, aber nun begriff ich, als er es mir zeigte, daß es fast mit Sicherheit zutraf. Ein Massaker bleibt ein Massaker, und die Art und Weise, wie er und seine Begleiter das so gefühllos und bedachtsam angestellt hatten, verursachte mir Übelkeit, aber er verlangte eine Beteuerung, und ich mußte sie ihm geben. Ich mußte mich auf seine Seite stellen.

»Ich verstehe«, sagte ich.

»Sie waren *Wilde*«, sagte er. »Nichts als stumpfsinnige Wilde.«

Ich biß die Zähne zusammen und kämpfte die aufsteigende

Übelkeit nieder.

»Ja«, sagte ich. »Das waren sie wohl.«

Auf solche Weise werden große Bündnisse geschlossen ... Pakte, die Welten retten können.

14

Da ich erst kurz zuvor über drei Monate auf See zugebracht hatte, war die neuntägige Reise nach Norden entlang der Küste dessen, was ich als das ak'lehrische Reich zu betrachten begann, ein ziemlich ermüdendes Erlebnis. Das Unterbringungsproblem war sogar noch schlimmer als auf der ›New Hope‹. Mariel und ich teilten uns einen Schrank mit zwei Kojen übereinander, und Nieland schlief auf dem Boden von Jans Kabine.

Ich kann nicht sagen, daß Jan uns zu vertrauen lernte, aber mit der Zeit schienen seine Ängste und Verdächtigungen nachzulassen. Er akzeptierte die neue Lage und schien bereit zu sein, die Dinge so zu nehmen, wie sie kamen. Ich erwähnte die Möglichkeit einer frühen Rückkehr nach Lambda nicht und mied alle potentiell peinlichen Fragen über die Motive seines Vaters und der Familie. Ich nahm einfach hin, was er mir von ihrem Einfluß auf das Reich erzählte, und war stets bereit, mich beeindrucken zu lassen. Jan seinerseits berichtete ausführlich über die Stadt Ak'lehr und die politische Lage innerhalb der sich ausbreitenden Horizonte des Reiches. Der eine Aspekt seiner Beunruhigung, der bestehenblieb, hatte mit den allgemeinen Aspekten der Situation nichts zu tun, sondern war eine schlichte und offene Unbehaglichkeit in Mariels Gegenwart. Der Grund für seine Nervosität war ganz einfach. In seinem ganzen Leben hatte er bis auf seine Mutter und seine Schwester keinen weiblichen Menschen gekannt. Ich tat dieses kleine Problem als unbedeutend ab. Vielleicht war das falsch von mir.

Aus Gesprächen während dieser neun Tage gelang es mir, ein

brauchbares Gerüst der Schilderung von Bernhard Verheydens Abenteuern im Land der Or'el zusammenzubauen. Zum Zeitpunkt des Schiffsuntergangs war er fast vierzig Jahre alt gewesen. Jan sprach von seiner Mutter stets als der Frau seines Vaters, aber offenbar hatten sie erst nach der Ankunft in Delta ›geheiratet‹. Die Frau war Besatzungsmitglied gewesen – in der Praxis, alle Beschönigungen beiseite, eine der Schiffshuren. Die Überlebenden des Schiffbruchs, abzüglich der beiden, die fast unmittelbar danach gestorben waren, wurden von den Fischern, die sie fanden, zu einer Stadt gebracht, wo sie sich ausruhen konnten und zu essen bekamen, um schließlich von den örtlichen Gelehrten mit Beschlag belegt zu werden, die gleichzeitig Priester waren. Unter die Fittiche der Kirche genommen, kamen Bernhard Verheyden und seine Begleiter zuletzt zur Zentrale der kirchlichen Hierarchie in der Stadt Ak'lehr selbst.

Die Stadt befand sich in einer geographisch bevorzugten Lage, in einem Landstreifen zwischen zwei Flüssen, und sie hatte sich als idealer Brennpunkt für das stetige Wachstum der Zivilisation an den Ufern beider Ströme erwiesen, landwirtschaftliche Methoden nutzend, die auf der Bewässerung der Felder durch Gräben und Kanäle beruhten. Selbst zu der Zeit, als das Erkundungsteam die nördliche, gemäßigte Zone Deltas aus der Luft vermessen hatte, ließen die durch dieses Bebauungssystem hervorgebrachten Überschüsse an Nahrungsmitteln eine Art Bevölkerungsexplosion zu, die zu der raschen Ausdehnung der ak'lehrischen Kultur in der Zeit seither führte. Die durch Nahrungsüberfluß hervorgerufenen Bevölkerungsexplosionen erzeugen oft neue Kategorien in der Gesellschaft: große Armeen, eine erfolgreiche Händlerklasse und eine starke Priesterschaft. Die Zivilverwaltung – die Verwalter der politischen Körperschaft, zu der Ak'lehrs Reich wurde – rekrutierte sich aus der Priesterschaft, die sich kraft ihrer Fähigkeit, lesen und schreiben zu können, qualifizierte. Obwohl Ak'lehr einen obersten Herrscher besaß, lag die eigentliche Macht bei Priesterschaft und Armee. Selbst der König galt als die irdische Inkarnation des göttlichen Willens und wurde so in seiner Herrschaft durch die Kirche sanktioniert und auf Dauer ihrer Interpretation seiner Rolle unterworfen.

Bis Bernhard Verheyden in Ak'lehr eintraf, hatten die fremden Wesen schon den Aufbruch in eine Ära technologischer Neuerung begonnen. Sie besaßen den Pflug seit geraumer Zeit, aber den Saatgutstreuer hatten sie erst vor kurzem erfunden und setzten Haustiere weit wirksamer ein, als die Viehzucht zu einem Geschäftszweig und – langsam – zu einer Wissenschaft wurde. Sie hatten zwei Abarten ihrer Hauptfeldfrucht (eines fruchtbaren Korns, das ähnlich wie Reis schmeckte) entwickelt, die zwei Ernten erbrachten, im Frühjahr und Herbst. Sie hatten ferner große Mengen Hülsenfrüchte in das Herzland des Reiches eingeführt, um den Boden periodisch neu zu beleben. Sie standen im Begriff, Obstbäume und verschiedene Arten von Wurzelgemüsen zu domestizieren. Ihre Erträge steigerten sich Jahr für Jahr, während ihre Bevölkerung zunahm. Schließlich würden die Expansionskurven sich schneiden, wenn die Ertragskurve abflachte und die Bevölkerungskurve immer mehr zur Vertikalen neigte, aber zunächst war man ungefährdet. Verheyden besaß das Wissen, diese Sicherheit für noch mindestens ein weiteres Jahrhundert zu erhalten.

Ein Punkt sprach für ihn, den ich auf reines Glück zurückführte. Es traf zu, daß er, was die geschichtliche Entwicklung anging, in einem günstigen Augenblick in Ak'lehr erschienen war, aber er hätte in *jedem* Zeitpunkt in bezug auf technologisches Know-how sehr viel zu bieten gehabt. Was ihm in der Tat erlaubte, eine Stellung von solchem Einfluß einzunehmen und das, was er wußte, auf die gesellschaftliche Welt der Or'el *anzuwenden*, war die Natur der ak'lehrischen Theologie. Wäre die Kirche, die ihn fand und aufnahm, eine antimaterialistische Erlösungsreligion mit starrem Dogma und Geboten gewesen, dann hätte Verheyden keine Chance gehabt, irgendeinen Einfluß auf die Geschichte des Reiches zu gewinnen. Er wäre fast mit Gewißheit als gefährlich eingestuft und beseitigt worden. Aber die Kirche, auf die er stieß, hatte sich erst kurze Zeit vorher organisiert. Sie war noch nicht in einem Dogma erstarrt. Sie hatte bei der Entstehung der Zivilisation mitgewirkt und sie aktiv unterstützt.

Die Ak'lehraner hatten einen Gott, waren aber nicht entschieden monotheistisch. Andere Stämme und Kulturen besaßen, wie sie wußten, andere Götter, und sie gingen weder davon aus, daß das falsche Götter wären, noch davon, daß es sich um ihren eigenen handelte, der unter anderen Namen verehrt wurde. Sie hielten einfach dafür, daß ihr Gott der beste Gott sei und daß seine Überlegenheit sich durch die Vorteile erweisen würde, die er seinem Volk zukommen ließ. Diese Vorteile waren leicht genug zu erkennen. Als Ak'lehr seine Herrschaft durch Eroberung ausdehnte, folgten die Priester den Armeen und machten den besiegten Stämmen klar, wieviel mehr durch den Glauben nach ak'lehrischer Art zu gewinnen war. Ein Angebot, dem man schwer widerstehen konnte, zumal die Armee der Bekehrung auf wenig subtile Weise nachhalf. Ak'lehr hatte seinen entsprechenden Anteil an Armen und Verzweifelten, aber es gab stets andere – wirklich vorhandene und erfundene – Völker, die von den Priestern als Beweis dafür angeführt werden konnten, daß es den ak'lehrischen Armen weitaus besser ging, als das sonst der Fall gewesen wäre. (Und außerdem waren es die Reichen, die in Wahrheit die Kirche trugen – und sie ernteten ganz *offenkundig* den Lohn, den die Gunst des Gottes abwarf.)

Während die Verehrer einer anderen Art von Gottheit Verheyden und seine Begleiter an Ort und Stelle ermordet hätten, hießen die Verehrer von Ak'lehrs Gott Y'sa sie willkommen. Als sie entdeckten, daß er über Wissen verfügte, das ihnen mangelte – und es ihnen bewies –, waren sie nicht im Zweifel über den Grund, warum er an ihrer Küste angespült worden war: Er war Ilah'y'sa, ein Bote Gottes. Das wurde sein Titel . . . und nach ihm war natürlich Jan Verheydens Schiff benannt.

Und so hatte Bernhard Verheyden eine Laufbahn von Wundern begonnen. Er war einer metallbearbeitenden Industrie zu Hilfe gekommen, die mit dem Hochofen und Galvanisieren seit

Generationen bis zur Grenze ihrer Leistungsfähigkeit angespannt gewesen war. Er hatte der Priesterschaft die Beschränkung ihrer ideographischen Sprache gezeigt und eine phonetische Abart ihrer eigenen Zunge neben Englisch eingeführt. Er hatte ihnen Elektrizität und Verbrennungsmotor gezeigt. Zehn oder zwölf Jahre lang war er aktiv gewesen, durch das gesamte Herzland des Reichs gereist, hatte Maschinen gebaut, die er dem Land geben wollte, mit Grobschmieden und Handwerkern gearbeitet. Dann hatte er begriffen, daß auf diese Weise der Fortschritt zu langsam vorankam, daß der Tag nicht genug Stunden hatte und daß das Wissen, das er weitergab, viel zu langsam und zu eng begrenzt verarbeitet wurde. Er hatte sich nach Ak'lehr in die höhere Lehranstalt zurückgezogen, wo die Kirche ihre Elite ausbildete. Er hatte sich dem Schreiben und Lehren gewidmet und dafür gesorgt, daß sein Wissen auch nach seinem Tode dem Reich zur Verfügung stehen würde. Und er hatte seine Familie gegründet, seine Kinder aufgezogen. Er hatte versucht, ihnen nicht nur sein Wissen, sondern auch seine Zielbewußtheit zu vermitteln – die Mission, die in ihm zur Besessenheit geworden und von den Priestern Y'sas geheiligt worden war. Sie hatten sie ohne solche Vorbehalte übernommen, die Bernhard Verheyden noch gehabt haben mochte. Er hatte sie mit der Heftigkeit seiner Indoktrinierung vor Zweifeln geschützt. Er hatte sie auch vor der aufrührerischen Haltung bewahrt, die gelegentlich von seinen Begleitern gepredigt worden war; diese hatten sich im Interesse eines guten Lebens an seinem Werk beteiligt, ohne ganz daran zu glauben. Jan sprach wenig von diesen anderen Männern, und ich wagte nicht, ihn zu stark zu drängen.

Rom war nicht an einem Tag erbaut worden, sowenig wie Ak'lehr. Papa Verheyden starb, als seine Revolution kaum begonnen war. Seine Saat begann aufzugehen, aber sehr langsam.

Die metallverarbeitende Industrie hatte vieles von dem aufgenommen, was er gelehrt, aber ihre Ziele waren nicht so hoch gesteckt wie die seinen – das konnte gar nicht anders sein. Die Erzeugung von Eisen und Stahl wuchs stark, aber der größere Teil des Metalls diente zur Herstellung von Schwertern und Werkzeugen und Schußwaffen in großer Zahl. Die Prioritäten der Industrie wurden in erster Linie vom Militär bestimmt, das die Vorteile von Kanonen rasch erkannte, aber den Nutzen der Dampfmaschine nur langsam begriff. Und so blieb, obwohl die Saat ausgestreut war, die industrielle Revolution ein Embryo. Die Priester trieben Spiele mit der Elektrizität und bauten Spielzeug. Aber die Zeit würde kommen. Es war nur eine Frage positiver Rückkopplung . . . und sobald die Schleife geschlossen war, würde das Wachstum sich potenzieren.

Verheyden war nicht in der Lage gewesen, sich in seinen Kindern neu hervorzubringen. Das war unausweichlich. In einer fremden Kultur aufgewachsen, waren sie unvermeidlich weit mehr ein Teil dieser Kultur geworden, als das ihrem Vater möglich gewesen war. Sie waren in verschiedene Bereiche des Lebens, mit allen Vorteilen ausgerüstet, getreten, die das Wissen ihres Vaters ihnen geben konnte, aber mit beschränktem Horizont. Nur Piet und Anna hatten sich für dauernd in der Hauptstadt niedergelassen und die Lehrtätigkeit zu ihrem Lebensberuf gewählt. Jan war Schiffsbauer geworden, Charles Erbauer von Dämmen und Kanälen und Christian Agronom. Diese drei jüngeren Brüder hatten einen Großteil des Machtgefühls verloren, von dem ihr Vater und ihr älterer Bruder besessen waren. Sie waren bescheidener in ihrem Ehrgeiz, sosehr sie auch an dem Sendungsgefühl festhielten, das ihnen eingepflanzt worden war. Sie glaubten an ihren Vater, ohne ernsthaft zu versuchen, es ihm gleichzutun. Sie hatten sich um ihre eigenen Sorgen und Interessen zu kümmern, um ihr eigenes, enger begrenztes Leben.

All das erfuhr ich während der Fahrt mit der ›Ilah'y'sa‹ entlang der Küste Deltas aus zweiter Hand. Es war ein Bild, durch ein schmutziges Glas gesehen – gefiltert mit Mariels Hilfe durch Jans Gespräche. Als wir verschiedene Häfen anliefen, konnte ich Eindrücke vom Reich gewinnen, aber wir lagen nie länger als einige Stunden still. Jan hatte geschäftliche Verhandlungen zu führen, aber er vergeudete keine Sekunde. Er hatte es eilig, uns nach

Ak'lehr zurückzubringen, uns, schlicht gesagt, loszuwerden. Ein jüngerer Bruder zu sein, hat seine Vorteile – dazu gehört, daß man die Verantwortung stets weitergeben kann. Jan hatte entschieden, daß wir nicht sein Problem sein würden. Er wußte nicht, was unser Auftauchen wirklich zu bedeuten hatte, und er war, als ich seine ersten Befürchtungen beschwichtigt hatte, froh darüber, sich nicht mehr damit befassen zu müssen. Den Kopf zerbrechen und die Entscheidungen fällen konnte Piet.

Ich sah der Begegnung mit Piet nicht ohne Bangen entgegen. Ich hätte sehr gern Bernhard Verheyden kennengelernt, weil ich davon überzeugt war, daß ich mit ihm hätte reden können. Wir hätten einander und die Situation verstanden. Wir hätten nicht unbedingt gezwungen sein müssen, irgendein Maß an Übereinstimmung zu finden, und am Ende hätte Bernhard Verheyden mich vielleicht als eine Bedrohung seiner Pläne gesehen, die beseitigt werden mußte, aber es hätte eine gewisse gemeinsame Perspektive gegeben. Bei Piet gab es eine solche Garantie nicht. Ich erinnerte mich an James Wildeblood und die Erben *seiner* Hinterlassenschaft an Intrigen und Herrschaft. Der Sohn konnte kaum den Geist des Vaters besitzen – er würde ein Echo davon sein – und deshalb um so schwerer zu behandeln sein.

Wenn ich Verheyden und Wildeblood miteinander verglich, neigte ich dazu, über die Tatsache nachzusinnen, daß solche Männer ein natürliches Produkt des Kolonieprogramms waren. Es ist kaum verwunderlich, daß die Sternen-Welten Reichsgründer anlocken und hervorbringen, obwohl die Erde seit Jahrhunderten keinen mehr gesehen hat. Alle Reiche der Erde sind nicht nur schon gegründet, sondern zerfallen bereits; jedes einzelne befindet sich in endgültiger Auflösung. Wie Wildeblood hatte Attica seine ganze Geschichte praktisch noch vor sich. Selbst das ak'lehrische Reich war erst vor kurzem aus der Vorgeschichte aufgetaucht. Aber auf Wildeblood hatte es nie Zweifel daran gegeben, daß das Reich ein menschliches sein würde. Es konnte mit den Salamännern nie in einen bitteren Konflikt geraten, weil es nichts gab, worum gekämpft werden konnte. Das Land, wo die terrestrischen Formen der fremden Wesen lebten, war für die menschliche Bevölkerung ohne Nutzen oder Interesse. Auf Attica standen die Dinge anders. Als die Kolonisten gelandet waren, hatte es den Anschein gehabt, als sollte ein vernünftiges Gleichgewicht mühelos erreicht und bewahrt werden können. Die Kolonie würde Lambda für sich mit Beschlag belegen, während die fremden Wesen Delta behalten würden. Dreihundert Jahre lang sollte es nicht einmal die Möglichkeit eines Konflikts geben.

All das hatte Bernhard Verheyden geändert. Er hatte die Waagschale der Macht auf dramatische Weise zum Kippen gebracht. Es bestand die Möglichkeit, daß das Gleichgewicht nie wieder hergestellt werden konnte.

15

Ak'lehr war überfüllt.

Es war eine Stadt der Gegensätze. Es gab schöne, gemauerte Gebäude – architektonische Meisterwerke, deren Äußeres Tausende von Jahren als Erinnerung für die Nachwelt an die Leistungen der Or'el in der Wiege ihrer Zivilisation bestehen würde. Hätte sie nur aus diesen Steinterrassen und -palästen und ordentlichen kubischen Läden und Wohnhäusern bestanden, dann wäre sie eine gut geplante, attraktive Stadt gewesen, offen und angenehm. Aber das tat sie nicht. Überall, wo es eine vertikale Mauer gab, wucherten schmarotzerhaft Holz und loses Ziegelwerk so hoch, wie die mechanischen Möglichkeiten es gestatteten. Für jeden Laden mit Steinmauern gab es tausend Straßenstände. Für jedes gemauerte Wohnhaus, von seiner hohen Mauer säuberlich umschlossen, gab es tausend Hütten und noch einmal tausend Familien ohne jede Unterkunft. Es gab Zelte und Anbauten in jeder Sackgasse, und in jeder Straße außer den Hauptdurchfahrten (die von der Armee reingehalten wurden) tobte ein ständiger Kampf darum, den Raum in der Mitte zu besetzen – das Niemandsland, wo die Bewohner und Tiere gingen. In den Straßen lebten Leute in allen Stadien tiefster Armut und Verzweiflung.

Die Bewohner pflegen aus ländlichen Gegenden in die Großstadt zu ziehen, weil das die Richtung ist, in der der Reichtum fließt. Wenn die Bevölkerung im ganzen Land explodiert, muß sie durch Wanderung Ausgleich schaffen, und Hoffnung ist dort, wo die Großstadt ist. Eine Großstadt zieht eine Bevölkerung von solcher Größe an, wie sie zu fassen vermag. Sie zieht Diebe und ehrliche Leute gleichermaßen an, in solcher Vielzahl, daß ihre schönen Bauwerke – der Kern, der in den kommenden Jahrhunderten ihr Echo und ihr Gedächtnis werden wird – zu einem Skelett der Achtbarkeit werden, überwuchert vom Fleisch des Elends. Hinter den gepanzerten Türen und dornbewehrten Toren gab es schöne Gärten und hübsche Häuser. Davor teilten die Armen das Pflaster unter sich auf und verstreuten ihre Exkremente nach Gutdünken. Ein Labyrinth von Stadtmauern umschloß zwei verschiedene Welten. Wo die Bewohner nur gehen oder reiten können, kann es keine weit ausgedehnten Vororte geben. Alles wird zu einem gigantischen Ameisenhaufen zusammengedrängt.

Die Menschen der Stadt – ich sage ›Menschen‹, weil die Or'el nicht so verschieden waren, daß der Ausdruck sonderbar erschiene – stellten einen vollständigen Querschnitt kultureller Typen dar. Die Ärmsten trugen Lendenschurze und wurden in kalten Nächten nur von ihrem dünnen Fell geschützt. Es gab viele, die wie die Matrosen der ›Ilah'y'sa‹ kurze Röcke und Jacken verschiedener Art trugen. Manche kleideten sich in Gewänder unterschiedlichen Schnitts und in vielerlei Farben, aber die Gewänder waren unweigerlich schlicht, eher Mönchskutten als den klassischen Togen der Erde ähnlich. Seltsamerweise – so erschien es mir jedenfalls – trugen die Priester der Stadt keine solchen Gewänder, sondern leichte Tuniken aus einem sehr dünnen Stoff, die oft zerfranst oder zerrissen waren. Die meisten trugen irgendwelche Taschen bei sich. Die verschiedenen Ränge der Armee unterschieden sich durch auf die lederartigen Jacken gemalte

Abzeichen; die verschiedenen Ränge der Priesterschaft durch Verzierungen an Säumen und Nähten der dünnen Gewänder.

Es gibt auf der Erde Gegenden, wo man ähnliche Städte noch finden kann – totgeborene Zivilisationen, weil die Ressourcen ihrer verschiedenen Länder längst von fester etablierten Reichen geplündert worden waren. Aber die Ameisenstädte der Erde sind Städte ohne Zukunft. Ak'lehr hatte seine Zukunft noch vor sich, und alle seine Hoffnungen waren Möglichkeiten.

Als wir vom Hafen durch die Straßen gingen, drehte man sich überall nach uns um. Wir hatten eine bewaffnete Eskorte von Soldaten, die statt der Armbrüste, wie Jans Besatzung sie zum ›Schutz‹ gegen Urwaldwilde und abgefallene Händler mit sich führten, Gewehre trugen. Gerüchte von unserem Eintreffen waren uns vorausgeeilt, wenn auch nicht sehr weit. Wir waren eine heiße Neuigkeit. Weitere Boten Gottes.

Oder . . .

Wenn die Umstände es zu rechtfertigen schienen, würden Piet und die Führer der Kirche zweifellos eine andere Erklärung für uns finden.

In einem der größten Gebäude genau im Mittelpunkt von Ak'lehr – in einer Enklave, die praktisch eine Stadt innerhalb der Stadt darstellte, wo die Armen sich bei Tag in den Straßen drängten, nachts aber entfernt wurden – stellte man uns dem König von Gottes Gnaden, Ir'is'hesh, Sohn von Ir'ha'ra, vor. Die Vorstellung war eine förmliche – ein bloßes Ritual. Der König sah von seinem Thron auf uns herab, um von unserer Anwesenheit Notiz zu nehmen und uns seinen vorläufigen Segen zu geben. Wir kamen nicht näher als zwanzig Meter an ihn heran. Als die Formalität vorbei war, wurden wir rasch fortgebracht, während der König im Haus von Ir'ha'ra verschwand, in seine gottähnliche Isolierung zurückkehrend. Wir wurden zu einem anderen Gebäude geführt, das ebenso eindrucksvoll und viel weitläufiger war als der Palast – der Tempel von Y'sa und die Akademie, die ringsum entstanden war.

Hier gab es keine Zeremonie. Wir wurden auf direktem Weg

zu Piet Verheyden geführt. Er empfing uns in seinen eigenen Räumen. Anna und Christian waren ebenfalls zur Stelle.

Piet war dreiunddreißig Jahre alt. Er war hochgewachsen, hager, mit denselben hellbraunen Augen und dunkelblonden Haaren wie Jan. Seine Stimme klang sehr rauh, so als hätte er eine kleine Verletzung oder Infektion in der Kehle.

Anna war sichtlich aus demselben Holz geschnitzt. Obwohl kleiner, hatte sie den gleichen Körperbau und dieselben Züge, aber ihre Augen waren haselnußbraun. Sie trug ihr Haar kurzgeschnitten im selben Stil wie Piet, und das verstärkte die Ähnlichkeit beträchtlich. Jan fiel in der Tat aus der Reihe, weil er die Haare länger wachsen ließ und seine Haut im Vergleich gebräunt und rauh war.

Aber Christian war eine völlig andere Erscheinung. Er war klein und robust, mit viel mehr gerundeten Zügen. Seine Augen, seine Hautfarbe und sein Haar waren allesamt viel dunkler als die seiner Geschwister. Seine Ausgefallenheit wurde betont durch eine alte Wunde, die um die Höhle seines rechten Auges eine halbmondförmige Narbe hinterlassen hatte. Es gab keine konkreten Beweise dafür, aber mir kam sofort der Gedanke, daß Christian das Kind eines anderen Vaters war.

Nach der Vorstellung bot man uns zu essen und zu trinken an, was wir dankbar annahmen. Das Leben an Bord hatte zuviel Ähnlichkeit mit dem Leben auf der ›New Hope‹ gehabt, und das Essen war nur wenig besser gewesen. Nun genossen wir ein Mahl, das nicht nur nahrhaft sein, sondern auch Vergnügen bereiten sollte. Ich bemerkte, daß Jan auf unserer Seite des Tisches saß – es war ganz so, als verlange man von ihm, eine gewisse Verantwortung für uns zu übernehmen. Es war Jan, der Piet und den anderen den Großteil unserer Geschichte erzählte – Nieland und ich unterbrachen gelegentlich, um irreführende Eindrücke richtigzustellen oder um zu bestätigen, was Jan schilderte, hielten aber aus eigenem Interesse nur wenig lange Reden. Mariel, damit beschäftigt, sie gründlich unter die Lupe zu nehmen, sagte überhaupt nichts. Erst als die Mahlzeit ganz beendet war, entwickelte sich ein echtes Gespräch.

»Ich muß mich für Charles' Abwesenheit entschuldigen«, sagte Piet. »Ich weiß leider nicht, wann er zurückkommen wird. Er beaufsichtigt den Bau eines Dammes im fernen Südwesten. Den Berichten zufolge läuft es nicht so gut. In der ganzen Region herrscht wegen irgendeiner Epidemie Panik. Wir haben sogar Schwierigkeiten, die Straßen offenzuhalten.«

»Es ist vielleicht ganz gut, die Straßen zu sperren«, meinte ich. »Seuchen breiten sich über Straßen aus.«

Piet lachte. Es war das Lachen eines erfahrenen Mannes von Welt, wenn er etwas Naiv-Belustigendes hört.

»Im Süden herrschen immer Seuchen. Es ist in erster Linie eine Frage der Hygiene. Die Städte entlang den Straßen haben wenig zu befürchten.«

»Nach allem, was ich von der Stadt gesehen habe, ist die Hygiene sogar hier ein großes Problem«, sagte ich.

Piet runzelte die Stirn.

»Wir haben ausgezeichnete Krankenhäuser«, erklärte er. »Unser Einfluß hier hat die Medizin von schwachsinnigem Aberglauben zu Maßstäben geführt, die außerordentlich hoch sind. Es ist richtig, daß das Abwassersystem zur Zeit mit dem Problem nicht fertig wird, aber es ist nur eine Sache von einigen Jahren und strengerer Überwachung. Ich kann Ihnen versichern, daß wir allem gewachsen sind. Unsere einheimischen medizinischen Probleme werden bewältigt, langsam, aber sicher. Was die Seuchen aus den Sümpfen im Süden angeht . . . es sind Krankheiten des heißen Klimas. Sie gedeihen nur in den Außenbezirken.

Außerdem liegt das alles neben der Sache. Ich möchte lieber über Ihre Pläne sprechen. Sie sind hergekommen, um die Or'el zu studieren?«

»Um Kontakt aufzunehmen«, bestätigte ich. »Oder, da er bereits stattgefunden hat, die Ergebnisse der Begegnung zu studieren. Wir müssen der Erde über den Stand der Dinge auf Lambda und Delta berichten.«

»Aus welchem Grund?«

»Grund?« gab ich zurück.

»Weshalb will die Erde wissen, was hier geschieht? Habt ihr uns nicht vor über hundert Jahren aufgegeben?«

»Es hat eine lange Pause zwischen den Kontakten gegeben«, räumte ich ein. »Die Erde hat aber keine der Kolonien ›aufgegeben‹. Das war nie die Absicht der UNO. Es war eine Frage der notwendigen Hilfeleistung zur richtigen Zeit. Es mußte Zeit vergehen, damit die Probleme jeder einzelnen Kolonie hervortreten konnten, damit klar wurde, welche Art von Hilfe eigentlich benötigt wurde.«

»Und was für Hilfe haben Sie gebracht?« fragte er.

»Ein Labor, ausgerüstet für ökologische Analysen und für die genetische Modifizierung beider Gattungen, die ursprünglich von der Erde hierhergebracht wurden und die für Attica eigentümlich sind.«

»Genetische Modifizierung der *Kolonisten*?« sagte Christian entgeistert.

»Wohl kaum«, erwiderte ich. »Das ist zu komplex ... ganz zu schweigen von der Unzulässigkeit. Modifikation von Pflanzen ... die Entwicklung von Stämmen, die gegen verschiedene Formen des Parasitenbefalls immun sind. Die einzigen Organismen, die wir wirklich *bauen* können, sind Viren ... obwohl wir auch einzelne Gene oder Gruppen von Genen herstellen können, um in den meisten niedrigen Tieren und Pflanzen bestimmte Proteine zu erzeugen. Die genetische Manipulation von Menschen ist ein Problem von ganz anderer Größenordnung. Im Grunde beseitigen wir Schädlinge und helfen Feldfrüchten, metabolische Engpässe zu bewältigen. Es handelt sich um eine verfeinerte Form von ökologischem Management, aber wir werden dem primitiven Auge oft als Rattenfänger dargestellt. Mit unserer Hilfe sollte die Kolonie in der Lage sein, alle Schwierigkeiten zu überwinden, die ihre Ernährung betroffen haben.«

»Und Sie glauben, daß Sie im richtigen Augenblick gekommen sind?« sagte Piet.

»Nein«, sagte ich. »Wir hätten mehr leisten können, wenn wir früher gekommen wären. Aber auf der Erde war uns nicht klar, daß die Kolonien so stark unter den Schwierigkeiten der wechselseitigen Anpassung leiden würden. Die UNO hat in ihrer allgemeinen Anschauung einen Fehler begangen.«

»Hundert Jahre«, sagte Piet sarkastisch. »Ein kleiner Fehler von einigen Jahrzehnten, einigen Generationen.«

»Die Erde hat auch Probleme«, sagte ich. »Probleme, die viel schwerer zu lösen sind. Wir mögen die Ihrigen unterschätzt haben ... aber in die Gefahr, unsere eigenen zu unterschätzen, haben wir nie geraten können. Ja, es hätte früher Hilfe kommen sollen. Sie haben ein Recht, verbittert zu sein. Aber die Kolonien mußten sich alle mit einem Platz auf der Dringlichkeitsliste bescheiden. Die Menschen hier in der Kolonie haben gelitten, weil es an Unterstützung fehlte ... aber auf der Erde haben sie auch gelitten. Sie leiden immer noch. Und sie sind ebenso verbittert. Sie sind jetzt verbittert, weil den Kolonien Hilfe geschickt *wird*, so wie die Kolonisten verbittert waren, weil die Mittel, die es vor fünfzig Jahren gab, auf der Erde verbraucht wurden. Und die Kolonie auf Lambda hat überlebt. Andere nicht.«

»Die Kolonie auf Lambda war entschlossen, zu überleben«, sagte Piet mit einem höhnischen Unterton. »So entschlossen, daß sie es beinahe nicht geschafft hätte. Sie hat den einen Mann vertrieben, der sie hätte retten können. Wenn die Dinge anders gestanden hätten, wäre *Ihre* Hilfe vielleicht überhaupt nicht nötig gewesen.«

Das Element von ›Zwiedenken‹ in Piets Logik war unübersehbar. Er war verbittert, weil die Erde Attica nicht schon früher Hilfe geschickt hatte. Er war außerdem verbittert, weil die Kolonie auf unfreundliche Weise seinen Vater zurückgewiesen hatte, der sie, ohne von der Erde Hilfe zu benötigen, durch ihre schwere Zeit hätte führen können. Aber der menschliche Geist kann viel widersprüchlichere Ideen mühelos vereinen. Daran war nichts Bemerkenswertes.

»Ich habe den Eindruck«, sagte ich, bemüht, nur ja nicht sarkastisch zu klingen, »daß *Sie* jetzt in einer idealen Lage sind, der

Kolonie Hilfe anzubieten. Sie haben hier sehr viel getan, um den Or'el zu helfen ... Sie werden als ihre Wohltäter in die Geschichte eingehen. Sie könnten sich auch einen Platz in der Geschichte der Kolonie schaffen ... als die Menschen, die für zwei Kontinente die Zukunft gesichert haben.«

Ich hatte eigentlich nicht vorgehabt, die Katze so früh aus dem Sack zu lassen, aber Piet schien entschlossen gewesen zu sein, sofort zum Kern vorzustoßen, und hatte mich mitgerissen.

»Sie glauben, die Kolonie würde uns als Helden empfangen?« sagte er. »Sie würden uns beschimpfen, wie sie unseren Vater beschimpft haben.«

»Woher wissen Sie das?«

Er lachte. Wieder war es das Lachen des Welterfahrenen über den Naiven. Aber er beantwortete die Frage nicht. Statt dessen sagte er: »Das ist unsere Heimat. Die Or'el sind unser Volk. Unser Vater hat der Kolonie den Rücken gekehrt wie sie ihm. Die Sorgen der Kolonie gehen uns nichts an. Wir haben unsere eigene Arbeit zu leisten.«

Er schien mir ein Meister des Mangels an Fingerspitzengefühl zu sein. Mit ein wenig Übung hätte er als Operettenschurke auftreten können. Aber ich durfte nicht vergessen, daß er ein zum Teil ungezähmtes Wesen war. Er hatte in seinem ganzen Leben nur eine Handvoll Menschen gekannt – die meisten davon seine engsten Familienangehörigen. Er hatte nie verallgemeinerte Methoden und Reaktionen für den Umgang mit anderen seiner Art lernen müssen – nur für den Umgang mit den fremden Wesen, die er in eine ganz andere Daseinskategorie einreihte. Ich wußte, daß es schwer werden würde, mit ihm zu reden. Sein Geist besaß nicht viel Aufnahmefähigkeit für flexibles Verhalten. Sogar noch weniger als Jan. Der Gedanke an einen Kontakt mit Lambda würde Jan sinnvoll erscheinen im Zusammenhang mit Handelsbeziehungen. Aber für Piet roch das einfach nach Ketzerei gegen das, was zu glauben man ihn gelehrt hatte. Er besaß keine Zugangsmöglichkeit zu der Idee – sie war umschlossen von Mauern, die Bernhard Verheyden errichtet hatte.

Ich sah die anderen an. Ich konnte nicht einmal in Ansätzen ergründen, was sie dachten, aber ich wußte, daß Mariel es mir später sagen würde. Nicht einer von ihnen schien die offene Feindseligkeit zu zeigen, die in Piets Augen und Stimme erkennbar war. Jan hatte sich im Lauf der Reise an uns gewöhnt und empfand eine gewisse Verantwortung schon allein deshalb für uns, weil er uns hergebracht hatte. Anna beobachtete mich scharf, schien sich aber für das, was ich zu sagen hatte, zu interessieren. Christian achtete überhaupt nicht auf mich. Ihn schienen andere Dinge zu beschäftigen.

Es entwickelte sich ein langes Schweigen. Die ganze Atmosphäre war unbehaglich. Ich vermutete, daß es hier Spannungen gab, die mit uns nichts zu tun hatten. Alte Meinungsverschiedenheiten, zeitweilig unterdrückt, während wir hier waren, aber nicht vergessen. Vielleicht hing es mit der Epidemie in den fernen Provinzen zusammen. Vielleicht reichte es viel tiefer als irgendwelche Staatsangelegenheiten.

»Sie irren sich bezüglich der Einstellung in der Verwaltung der Kolonie«, sagte Nieland im Ton eines Mannes, der sich verpflichtet fühlt, das Wort zu ergreifen, aber nicht weiß, wie er ausdrükken soll, was er klarzumachen hat. »Wir würden Handel mit Delta begrüßen. Er könnte für beide Seiten von großem Wert sein. Als die ›Floreat‹ die Segel setzte, war das zum Teil ihr Ziel, wissen Sie ... Kontakt mit den fremden Wesen herzustellen und die Möglichkeiten des Handels zu erkunden. Das gehörte zur Mission Ihres Vaters.«

»Sie wissen etwas über die Mission unseres Vaters«, sagte Piet mit schneidender Stimme.

»Aber verstehen Sie denn nicht?« fuhr Nieland fort. »Die Kolonie wird jetzt mehr Schiffe bauen. Sobald bekannt ist, daß Sie hier sind ... die Kolonie wird Handel treiben *wollen*. Sie können Ak'lehr nicht immer für sich allein behalten, wissen Sie ...« Er ließ den Rest des Satzes mit unglücklicher Miene unausgesprochen, weil er wußte, daß er zu weit gegangen war. Nur mit Mühe hielt ich mich davor zurück, die Augen verzweifelt zum Himmel zu verdrehen. Er hatte das Wesentliche jetzt in der Tat offengelegt. Es gab kein Gehirn im ganzen Raum, das nicht alle Folgerungen in Nielands Feststellung nachvollziehen konnte. Einschließlich des wichtigsten *Wenns* von allen: *Wenn* Piet Verheyden uns nach Lambda zurückkehren ließ.

Die Anspannung verdoppelte sich, während Piet Nieland anstarrte und die Gedanken langsam an sich vorbeiziehen ließ, ohne zu ahnen, daß Mariel jede Nuance aufnahm.

Dann klopfte es an der Tür.

Sie öffnete sich, und ein fremdes Wesen in der dünnen Kleidung eines Priesters kam herein. Ich hatte die Bedeutung der verschiedenen Abzeichen noch nicht erkannt, zog aber aus seiner Jugend den Schluß, daß er ein Novize war. Er redete in seiner eigenen Sprache mit Piet.

Wenn Piets Miene vorher düster gewesen war, wurde sie jetzt ausgesprochen finster. Er zischte ein paar Worte in Ak'lehrisch. Der junge Mann an der Tür geriet ein wenig aus der Fassung, aber er antwortete eher ausführlich. Piet unterdrückte seinen Zorn und äußerte sich ebenso weitschweifig. Der junge Mann ging.

Ich warf einen Blick auf Mariel in der Hoffnung, es sei ihr gelungen, die Bedeutung des Wortwechsels zu erfassen. Sie nickte kaum merklich. Ich sah Piet an.

»Ul'el möchte Sie sprechen«, sagte er. »Ich fürchte, es ist unvermeidlich. Ich habe ihm mitgeteilt, daß Sie infolge der Reise sehr müde sind und heute abend nicht zu ihm kommen könnten. Ich sagte, Sie könnten morgen früh alle drei den Amtsträgern der Kirche und der Akademie formell vorgestellt werden. Das entspricht nicht seinen Wünschen, aber er wird sich damit abfinden müssen.« Er warf einen kurzen Blick auf Jan.

»Ich habe ihnen nichts gesagt«, erklärte Jan. »Ich hielt es für das beste, solche Dinge dir zu überlassen.«

Piet wirkte zum erstenmal erfreut.

»Ul'el ist einer der Magister der Kirche«, sagte er zu mir. »Ich weiß nicht recht, wie ich seinen Titel ins Englische übertragen soll, aber mein Vater nannte ihn Magister. Wir bezeichnen die anderen entweder mit diesem Titel oder als Amtsträger oder als Meister, aber Ul'el ist stets Magister. Sie werden begreifen, daß Ihre Anwesenheit hier nicht von allen gleichermaßen geschätzt wird. Manche sind eifersüchtig auf den Einfluß, den wir besitzen, auf das, was wir für das Reich geleistet haben. Soweit die Opposition überhaupt organisiert ist, schart sie sich um Ul'el. Er ist unser Feind, wenn das kein zu starker Ausdruck ist. Christian wird das vermutlich behaupten, und ich halte die Einschätzung für richtig.«

Christian erhob keinen Einwand gegen diese Bemerkung, sondern blickte einfach in eine andere Richtung, während Piets Augen auf ihm ruhten.

»Nehmen Sie sich vor Ul'el in acht«, sagte Piet leise. »Er ist auch Ihr Feind. Er wird Ihr Erscheinen hier auf irgendeine Weise ganz gewiß gegen uns nutzen. Sprechen Sie nicht mit ihm, wenn nicht einer von uns – Anna oder ich – dabei ist.«

Es interessierte mich, wie ›einer von uns‹ auf ›Anna oder ich‹ hinauslief. Ul'el interessierte mich ebenfalls.

»In welcher Beziehung stellt er sich gegen Sie?« fragte ich.

»Er ist eifersüchtig auf unseren Einfluß«, sagte Piet, einfach die schon einmal gebrauchte Formel wiederholend.

Ich beließ es dabei.

»Tja«, sagte ich. »Sie hatten recht mit dem, was Sie zu unserem Besucher sagten. Wir *sind* nach unserer langen Reise müde. Sehr müde. Wir möchten uns jetzt zurückziehen.«

Er schien ein wenig überrascht zu sein und erhob beinahe Einwände. Aber es waren seine eigenen Worte, die ich zitiert hatte, und obwohl es sich um einen offenkundigen Vorwand handelte, wollte er sich nicht Lügen strafen.

Und so ging die Gesellschaft – nicht eine der vergnüglichsten, an der ich je teilgenommen hatte – zu Ende.

16

Unsere Unterkünfte waren sehr schön, ja in der Tat die besten, die ich seit dem Abflug von der Erde gesehen hatte – und bei genauer Überlegung sehr viel besser als alles, was ich je *auf* der Erde genossen hatte. Es gab Zentralheizung, private Badezimmer und schöne Möbel. Die Räume waren weniger groß als bei Piet, aber sonst sehr ähnlich. Wir hatten jeder drei Zimmer. Es gab keine Verbindungstüren, aber sie lagen alle im selben Flur.

Ich verlor keine Zeit, Mariel aufzusuchen, als ich Anna losgeworden war, die den Auftrag erhalten hatte, mir alles zu zeigen.

Sie prüfte die Weichheit des Bettes und fand sie offenbar nach ihrem Geschmack.

»Zu weich«, sagte ich. »Da bekommt man Rückenschmerzen.«

Ich sank auf einen Stuhl. Alle ak'lehrischen Stühle hatten hohe Rückenlehnen. Die meisten hatten auch hohe Beine, aber die Stühle in unseren Zimmern waren eigens für menschlichen Gebrauch gekürzt worden.

»Schwer«, sagte sie. Sie sprach nicht vom Bett.

»Also gut«, sagte ich. »Fangen wir mit Piet an.«

»Er ist wahnsinnig«, erklärte sie.

»Das wußten wir bereits. Wie war seine unmittelbare Reaktion auf uns?«

»Er hat Angst«, erwiderte sie. »Unsere Ankunft hier ist eine unerwartete Komplikation in einer Lage, die aus vielen Gründen, die ich nicht einmal erraten kann, bereits gespannt ist. Er macht sich Sorgen wegen dieser Epidemie, er macht sich Sorgen wegen seiner Brüder – alle drei –, und er macht sich Sorgen wegen dieses Priesters. Diese Sorgen konnte ich sehen . . . vermutlich gibt es noch mehr. Er möchte uns in seiner Tasche behalten. Er hat vage Vorstellungen darüber, wie er uns benützen kann, vorausgesetzt, daß wir gehorsame Marionetten sind. Er hat keine Absicht, uns nach Lambda zurückzubringen – nicht zum gegenwärtigen Zeitpunkt. Vielleicht überhaupt nie. Er möchte sehr viel Zeit dafür aufwenden, herauszufinden, wozu wir hergekommen sind und welche Macht hinter uns steht. Er ist paranoid . . . aber das wußten wir ja schon. Er ist *sehr* paranoid.«

»Was hat er gegen seine Brüder?« fragte ich.

Sie zuckte mit den Schultern.

»Kann ich nicht genau sagen. Er und Christian stehen sich außerordentlich feindselig gegenüber. Er mißtraut Jan, obwohl Jan davon nichts zu ahnen scheint. Möglicherweise ist es nichts Bestimmtes . . . nur ein Symptom der Paranoia. Er scheint, wenn er sich auf Anna bezieht, eine seltsam heftige Reaktion aufzuweisen. Vielleicht fühlt er, daß sie die einzige ist, der er vertrauen kann. Vielleicht ist es mehr.«

»Bruderliebe«, sagte ich. Sie antwortete nicht, überließ mir die Schlußfolgerung aber selbst.

»Was halten die anderen von uns?« fragte ich.

»Christian scheint ganz froh zu sein, uns zu sehen«, sagte sie. »Er ist nicht feindselig eingestellt. Aber das könnte auch nur eine Folge der Tatsache sein, daß Piet es ist. Jeder Feind von dir ist ein Freund von mir und so. Anna . . .«

»Nun?« sagte ich.

»Anna hat gemischte Gefühle«, fuhr sie fort. »Ich möchte keine Zusammenfassung wagen. Sie ist verwirrt. Aber im Prinzip steht sie zu Piet.«

Sie schien nicht geneigt zu sein, ins Detail zu gehen. Ich sagte: »Worum ging es bei dem Gespräch mit dem fremden Wesen?«

»Was gesprochen wurde, war vermutlich das, was Piet wiedergegeben hat«, gab sie zurück. »Ich beginne dank Al'ha und einiger anderer auf dem Schiff die Sprache langsam zu verstehen. Zwischen den Zeilen lesen kann ich noch nicht. Aber die Situation hat Piets Paranoia richtig zum Ausbruch gebracht – wie Sie vermutlich bemerkt haben. Zuerst wollte er Ul'el zum Teufel wünschen, aber wegen der Art, wie das Wesen die Bitte formulierte, mußte er sich mäßigen. Was er anbot, war ein Kompromiß . . . und zwar ein leerer. Wir hätten den maßgeblichen Leuten ohnehin vorgestellt werden müssen. Piet möchte uns unbedingt als seinen Besitz behalten – zwischen den fremden Wesen und uns vermitteln. Er scheint in dieser Beziehung sehr zuversichtlich zu sein. Schließlich weiß er alles, und wir sind Außenseiter, die nichts wissen. Er glaubt, uns wie Marionetten bedienen zu können. Wenn er von meinem Talent wüßte, wäre er seiner Sache vielleicht nicht so sicher.«

»Nein«, sagte ich. »Das wohl nicht.«

Wir schwiegen eine Weile.

»Nieland hat Angst«, sagte sie, die Feststellung aus der leeren Stille ziehend.

»Das ist mir aufgefallen«, sagte ich. »Er ist überfordert. Im Grunde seines Wesens ist er Schiffsbauer. Der einzige, mit dem er etwas gemeinsam hat, ist Jan. Aber er ist trotzdem unser Bindeglied. Wir brauchen ihn, wenn wir sie überreden wollen.«

»Sie werden ihn nie als gleichen Geistes wie ihren Vater akzeptieren«, sagte sie rundheraus.

Zu diesem Schluß war ich bereits gekommen.

»Sie werden mit ihm reden müssen«, sagte ich. »Sie können in ihm lesen. Sie werden wissen, wie Sie ihn lenken müssen. Sie müssen ihn soweit bringen, daß er der Botschafter der Kolonie in Ak'lehr sein kann. Und das ist er, ob es ihm behagt oder nicht.«

»Ich versuche es«, versprach sie.

»Und in der Zwischenzeit . . .«, sagte ich versonnen.

Sie fing aus meinem Tonfall etwas auf und sah mir durchdringend in die Augen.

»Wenn Sie vorhaben, was ich glaube . . .«

»Weshalb das ›Wenn‹?« sagte ich. »Klappt es nicht mehr so gut?«

»Es ist ein bißchen übereilt«, sagte sie. »Wir sind erst seit Stunden hier. Könnten Sie nicht erst einmal ein paar Tage abwarten? Wir werden nicht in unseren Betten ermordet werden. Wir haben Zeit genug.«

»Ich lasse mich nicht als Schachfigur gebrauchen«, erwiderte ich. »Das ist eine Situation, die mir nicht behagt. Und Piet wird es genauso machen. Er tut es bereits. Ich weiß nicht, was er macht, aber ich weiß, daß er unter Druck steht. Ich glaube, das beste wird sein, wenn ich mich als Mitspieler etabliere, statt als Figur. Auf diese Weise ist die Gefahr, daß ich auf ein Feld gestellt werde, wo ich nicht sein möchte, nicht so groß.«

»Es wird ihm nicht behagen«, sagte sie. »Paranoiker zu ärgern, ist nicht diplomatisch. Sich gegen sie zu verschwören, ist ausgesprochen gefährlich. Das bestätigt nur ihre schlimmsten Befürchtungen.«

»Er braucht nichts davon zu wissen«, sagte ich. »Ich warte, bis alle braven Menschen in ihren Betten sein sollten.«

»Seien Sie kein Narr«, sagte sie unfreundlich. »Wie können Sie verhindern, daß er davon erfährt?«

Ich sah sie nur gleichmütig an und ließ sie den Rest selbst lesen. Sie sah schon an meinem Schweigen, daß ich entschlossen war.

»Seien Sie vorsichtig«, riet sie.

»Achten Sie auf sich selber«, erwiderte ich. »Ich brauche Sie. Sie sind unsere Geheimwaffe, vergessen Sie das nicht.«

»Ich weiß«, sagte sie nicht ohne Bitterkeit. »Ich weiß.«

17

Es heißt, das Leben ahme die Kunst nach. Vermutlich stimmt das – die meisten Leute würden mit dem Leben nicht zurechtkommen, wenn sie nichts nachzuahmen hätten. Man könnte aber die zusätzliche Bemerkung machen, daß das Leben einen sehr schlechten Geschmack hat.

In praktisch jedem Melodram über primitive Gesellschaften, geschrieben zu einer Zeit, als solche Romanzen ihren Höhepunkt hatten, gibt es einen Schurken, und es ist stets der Hohepriester. Er ist entweder klein und hager und kahlköpfig, mit glitzernden Augen und bösartigem Charakter, oder groß und hager und kahlköpfig, mit glitzernden Augen und bösartigem Charakter.

Er ist erbost über den Respekt, mit dem seine bisher folgsame Herde die edlen und humanen Helden bedenkt, die aus der Außenwelt gekommen sind und seinen Menschenopfern und allgemein terroristischen Aktivitäten Einhalt gebieten. Er ist eine von Christen erfundene und von Rationalisten übernommene Phantasiefigur, die das Böse des Heidentums und Aberglaubens symbolisieren soll.

Die Macht, die solche Schablonen auf die menschliche Vorstellungskraft ausüben, ist absurd, aber erschreckend. Diese ausgefahrenen Spuren in unseren Gehirnen mögen mit Faustkeilen aus der Steinzeit grob herausgehackt worden sein, aber wenn es sich darum handelt, das Denken zu kanalisieren, sind sie trotzdem wirksam. Es scheint in uns etwas Grundlegendes zu geben, das auf derart lächerliche Karikaturen und ihre charakteristisch maßlos übertriebene Bedrohlichkeit anspringt. Gleichgültig, wie weise wir geworden sind, wir müssen stets kämpfen, um das Gewebe unserer Alpträume zu zerquetschen.

Bangen wäre ein zu harmloses Wort gewesen, um zu beschreiben, was ich empfand, als ich leise an die Tür klopfte und sie öffnete. Mein Herz hämmerte in einer irrationalen Angst . . . eine Angst, die um so gefährlicher, *weil* sie irrational war. Von dieser Begegnung mochte sehr viel abhängen, und die Gegenwart dieses bösen, stumpfsinnigen Hirngespinstes konnte sie so leicht verderben.

Ul'el war trotz der späten Stunde noch wach. Er saß an seinem Schreibtisch, umgeben von Papieren – auf der Schreibtischplatte verstreut, am Boden gestapelt, in Regalen hinter ihm gehäuft. Die meisten waren lose zu großen Bündeln gebunden, umhüllt von Schutzumschlägen aus weichem Leder.

Er hob den Kopf, als ich hereinkam. Ich begann in den Gesichtern der fremden Wesen lesen zu lernen, aber es gibt Empfindungen, deren Spiegelungen so selten erscheinen, daß man kaum Gelegenheit bekommt, sie zu meistern. Ich konnte nicht sagen, ob er erstaunt oder so gelassen war, daß er keine Überraschung zeigte. Er machte plötzlich eine Reihe knapper Bewegungen und ordnete das Durcheinander auf seinem Schreibtisch ein wenig. Er nickte einem Stuhl zu. Ich mußte ihn ein paar Meter durch das Zimmer ziehen und dabei den Eindruck einer gewissen Ungeschicklichkeit erweckt haben. Als ich mich setzte, berührten meine Füße nicht den Boden – dieser Stuhl war nicht eigens für den menschlichen Gebrauch umgebaut worden.

»Ich glaube, Sie wollten mich sprechen«, sagte ich.

Er sah mich an, sorgfältig und ohne Eile. Da er saß, konnte ich nicht beurteilen, wie groß er war, aber er schien eine Person von beträchtlicher Größe zu sein. Sein Fell war heller als sonst bei seiner Art üblich – ein lohfarbenes Gelb mit rötlicher Zeichnung. Seine Augen glitzerten nicht übermäßig, obschon sie ein wenig zu leuchten schienen, weil die einzige Beleuchtung im Zimmer die elektrische Tischlampe war, bei deren Licht er arbeitete.

»Ich weiß, daß es spät ist«, sagte ich, bemüht, mit ruhiger Stimme zu sprechen und keine Verlegenheit zu zeigen, »aber ich hielt es für das beste, diskret zu sein.«

»Wie haben Sie mich gefunden?« fragte er. Wie Al'ha hatte er Schwierigkeiten, gewisse Konsonanten auszusprechen, aber er ersetzte sie nicht durch die unbestimmten, kehligen Pausen, die seiner eigenen Sprache eigentümlich waren. Er bemühte sich innerhalb seiner natürlichen Einschränkungen sehr und mit beträchtlichem Erfolg. Ich hatte keine Schwierigkeiten, ihn zu verstehen.

»Ich bin von einer Ecke unseres Gebäudes weggeschlichen und einfach weitergegangen, bis ich jemand von Ihren Leuten fand. Er sprach nicht Englisch, aber ich brauchte nur immer wieder Ihren Namen zu wiederholen. Er wollte aber nicht in der Nähe bleiben – er zeigte mir nur die Tür und zog sich hastig zurück.«

Er gab einen schwachen Kehllaut von sich, als wolle er sich räuspern.

»Sie sind der Mann von der Erde«, sagte er.

»Alexis Alexander«, bestätigte ich.

»Ich bin Ul'el«, sagte er, nur um das klarzumachen. »Warum sind Sie gekommen?«

»Ich wollte mit Ihnen reden«, erklärte ich. »Mit Piet Verheyden ist nicht leicht umzugehen. Er betrachtet uns als seinen persönlichen Besitz. Das sind wir nicht. Wir sind nicht hergekommen, um mit ihm zusammentreffen oder mit ihm zu verhandeln. Wir haben es mit den Leuten zu tun, die ermächtigt sind, für Ak'lehr zu sprechen.«

Er betrachtete mich immer noch prüfend. Er traute mir nicht. Wie konnte er auch?

»Die Kinder haben von mir gesprochen?« fragte er.

»Ich glaube, Sie wissen, was sie mir gesagt haben«, gab ich zurück.

»Sie sind Kinder«, sagte er. »Nur Kinder. Sie geben sich große Mühe, festzuhalten, was sie gewesen sind. Ich habe ihren Vater gut gekannt. Ich war einer seiner Schüler, obwohl ich schon erwachsen gewesen bin, als Piet noch ein kleiner Junge war. Ich lernte seine Sprache und seine Schriften kennen. Er lehrte mich alles . . . ohne Vorbehalt. Er unterrichtete mich, weil er wollte, daß ich Wissen erwarb. Er stellte keine Bedingungen. Die Kinder . . . sie sehen nicht ein, daß frei genutzt werden soll, was frei gegeben wird. Sie handeln. Sie glauben, sie hätten ein Recht darauf, anzuwenden, was sie mit uns gelernt haben, so als gehöre es eigentlich ihnen. Sie haben sich gegen uns gestellt. Sie haben uns zu Feinden gemacht, indem sie es unternahmen, Forderungen zu stellen, zu denen sie nie berechtigt waren. Sie versuchen immer noch, ein Besitzrecht über das auszuüben, was frei ist, was jetzt *uns* gehört. Verstehen Sie, was ich meine?«

»Ja«, sagte ich.

»Sie haben Ihnen erklärt, daß ich eine Verschwörung gegen sie inszeniere . . . daß ich ihre Autorität untergraben will . . . daß ich auf ihren Einfluß eifersüchtig bin. All das trifft zu. Sie müssen das verstehen, wenn wir miteinander sprechen wollen. Wären Sie nicht auf diese Weise zu mir gekommen, dann hätte ich das für mich behalten, zumindest für eine Weile. Aber Sie sind gekommen, und es ist gut, daß wir ehrlich sind. Ich bin nicht der Meinung, daß wir den Kindern irgend etwas schulden. Sie glauben, daß alles, was ihr Vater uns gegeben hat, auf irgendeine Weise immer noch ihnen gehört. Aber sie haben es zusammen mit uns gelernt. Alles, was sie wissen, kam aus derselben Quelle, in derselben Weise wie das, was Bernhard Verheyden mir und hundert anderen beigebracht hat. Selbst ihrem Vater schulden wir nichts. Wir sind dankbar für das, was wir jetzt haben, aber es war *Sika'y'sa*, ein Geschenk von Gott. Es spielt keine Rolle, ob Sie das als bildlichen Ausdruck oder als die buchstäbliche Wahrheit verstehen.«

»Ich verstehe«, sagte ich. »Wie kommt es, daß die Kinder überhaupt noch Einfluß haben?«

Er machte eine sonderbare Geste, berührte mit den Fingerspitzen die Stirn und hob dann die Hand ein wenig.

»Ilah'y'sa«, sagte er.

»Boten Gottes?« Ich konnte nicht ganz begreifen, was er meinte.

»Sie haben Anteil am göttlichen Funken«, sagte er, und ich war überzeugt davon, daß er die Worte so wählte, um Ironie anzudeuten. »Ich habe in hauptsächlich weltlichen Ausdrücken gesprochen. Aber ich bin ein Mann Gottes. Wir schulden nichts . . . aber es gibt einen Sinn, in dem wir die Kinder . . . wert halten? Das Wort paßt nicht. Aber in Ihrer Sprache ist es möglich, den Sinn ganz zu vermitteln. Ein Unterschied in der Denkart.«

Ich sinnierte einige Augenblicke, bemüht, mich zurechtzufinden.

»Sie wollen sie nicht hier haben«, sagte ich. »Sie sind Ihnen nicht von Nutzen. Sie haben nicht das Gefühl, daß Sie ihnen etwas schulden auf einer offen kommerziellen Ebene, um es weltlich auszudrücken. Sie versuchen darauf einzuwirken, wie Sie das Wissen anwenden und steuern, das Bernhard Verheyden Ihnen gegeben hat, und Sie glauben nicht, daß sie das Recht dazu haben, ja, nicht einmal, daß *er* das Recht dazu hatte. Aber Sie wollen nicht offen gegen sie vorgehen. Sie wollen sie nicht einsperren oder ermorden oder sie auch nur zwingen, das Land zu verlassen. Aus Gründen, die Ihrer religiösen Ethik entstammen.«

»Das scheint mir eine angemessene Zusammenfassung zu sein«, bestätigte Ul'el.

»Sie stecken in einer Verwicklung, die Sie sich selbst verdanken«, meinte ich.

»Die Verwicklung hat Y'sa gemacht«, verbesserte er sanft. »Und wenn Menschen in eine ähnliche Situation geraten? Würden sie die Kraft moralischer Dilemmas nicht erkennen? Würden sie nicht eine Lücke zwischen dem, was recht, und dem, was zweckdienlich ist, klaffen sehen? Würden sie nicht zögern?«

»Ich glaube schon«, erwiderte ich. »Neunundneunzig Menschen von hundert würden zögern. Wir finden solche Verwicklungen in unserem Alltagsleben ständig. Es gibt stets Männer, die den Knoten mit dem Schwert durchhauen, aber zumeist ...«

»Wir haben solche Männer auch«, sagte Ul'el leise.

»Ja«, sagte ich und erinnerte mich an einen Kampf in einem winzigen Urwalddorf, an einen hochgewachsenen Kämpfer mit einer Stahlklinge, der eine flüchtende Frau niedergestoßen hatte. Ich erinnerte mich an das Niederbrennen von Häusern und an verkohltes Fleisch und an die Erklärung, sie wären *nur Urwaldwilde*.

»Es ist wichtig, daß Sie das alles verstehen«, sagte Ul'el. »Wenn Sie können.«

»Der Grund, weshalb Sie mich sehen wollten, war, daß Sie mich prüfen wollten«, sagte ich bedächtig. »Entweder mich oder Nieland. Was Sie letztlich von uns wollen, ist, daß wir Sie von den Kindern befreien ... sie zur Kolonie zurückbringen. Sie wollen wissen, ob wir mit diesem Ziel übereinstimmen.«

»Wenn so etwas möglich wäre«, sagte Ul'el so, als denke er laut. »Wenn der Ilah'y'sa entscheiden würde, daß ihr Auftrag beendet ist. Wenn sie sich herzlich von uns verabschieden und mit dem Schiff ›Ilah'y'sa‹ davonfahren würden ... wir wären traurig, sie fortgehen zu sehen. Aber in einer anderen Beziehung wären wir vielleicht auch glücklich. Es ist nicht leicht, in Gegenwart des göttlichen Königs zu sein ... es ist eine heikle Angelegenheit, die alltägliche Verhandlung mit der Inkarnation von Y'sa. Wenn es kompliziert ist ... Der Knoten läßt sich nicht so leicht entwirren, wenn Sie verstehen, was ich meine.«

»Nein«, sagte ich, »der Knoten läßt sich nicht so leicht entwirren. Wenn wir in der Lage wären, die Verheydens dazu zu überreden, zur Kolonie zurückzukehren, wäre es etwas einfacher ... aber es gibt mehr Knoten als einen. Wir sind nicht fähig, sie zu zwingen, aufzugeben, was sie hier zu besitzen glauben. Um ganz ehrlich zu sein, ich würde sie gern dazu veranlassen, ihr Sendungsbewußtsein aufzugeben, weil ich es für gefährlich halte. Aber zu unterstellen, daß die ganze Situation dadurch geheilt werden kann, daß sie fortgehen ... nein, das geht nicht.«

Ul'el sagte nichts. Er wartete darauf, daß ich weitersprach.

»Wie sehen Sie die Zukunft?« fragte ich ihn. »Ich meine, welche Zukunft stellen Sie sich für Ihr Volk und für diese Welt als Ganzes vor?«

»Ich bin kein Wahrsager«, erwiderte er.

»Sie wissen, daß ich Sie nicht um eine Reihe von Vorhersagen bitte«, sagte ich ruhig. »Sie müssen wissen, wovon ich spreche. Ich spreche vom Entscheidungskampf am Berg Harmaggedon, wenn Ihnen das etwas sagt. Ak'lehr dehnt seine Herrschaft durch Eroberung aus. Ihre Armeen marschieren und mit ihnen Ihre Priester. Ihre Ambitionen als Rasse – die Ambitionen Ihres Gottes – sind sehr praktische. Für Sie nicht das Wohl des Geistes und das Leben nach dem Tode. Y'sas Belohnungen sollen wie seine Könige und seine Boten hier wirksam sein in der wirklichen Welt.

Sie werden ganz Delta erobern. Es gibt nichts, was Sie aufhalten kann. Aber was dann? Wenn Reiche sich bis an ihre Grenzen ausdehnen, gibt es keine Zukunft für sie als innere Zerrissenheit, Konflikte, Zerbrechen. Werden Sie das akzeptieren, wenn die Zeit kommt? Werden Sie gegen die inneren Wirren ankämpfen und versuchen, ein Utopia zu errichten ... oder werden Sie den leichteren, den natürlicheren Weg gehen? Werden Sie versuchen, Ihre Herrschaft noch weiter auszudehnen ... über den Ozean hinaus?«

»Niemand kann die Zukunft vorhersagen«, erwiderte Ul'el. »Sie liegt in den Händen von Y'sa.«

»Sie liegt in unseren Händen«, widersprach ich. »Nicht unbedingt in Ihren oder meinen Händen . . . vielleicht sogar das . . . sondern in den Händen unserer beiden Rassen. Wir formen die Zukunft aus dem Stoff der Gegenwart. Unsere Kinder . . . und was wir ihnen mitgeben . . . *sind* die Zukunft. Y'sa mag irgendwo und auf irgendeine Weise über das Ganze herrschen, aber wir sind diejenigen, die hier leben – wir sind diejenigen, die tun werden, was die kommende Welt erschafft.«

»Das ist Anmaßung«, sagte Ul'el.

»Anmaßung ist tödlich.«

»Es ist keine Anmaßung«, sagte ich beharrlich. »Es ist nicht einmal Stolz. Es handelt sich nicht darum, Y'sa auf blasphemische Weise seiner Vorrechte zu berauben. Es geht darum, die Verantwortung für das eigene Handeln zu übernehmen. Im Angesicht von Y'sa oder irgendeines anderen Gottes müssen wir bereit sein, zwischen Gut und Böse zu unterscheiden . . . nicht nur zwischen dem Gut und Böse des Augenblicks, sondern all dem Gut und Böse, das noch kommen wird. Es ist keine Anmaßung, versuchen zu wollen, die Folgen unseres heutigen Handelns heute, morgen und für immer zu erkennen. Es ist unsere Pflicht. Wir mögen es versuchen und scheitern, aber wenn wir es nicht einmal versuchen . . . könnten Sie Ihrem Gott wirklich ins Antlitz blicken und sagen: ›Ich habe meine Entscheidungen für den Augenblick getroffen? Ich habe nicht über die Zukunft nachgedacht. Ich habe es nicht einmal versucht‹?«

Mit einem fremden Wesen kann man nicht über Theologie diskutieren. Es gibt keine Möglichkeit, sich verständlich zu machen. Man kann nicht einmal mit einem anderen Menschen über Theologie diskutieren. Das ist ein Thema, das dem Begriff der Diskussion fremd ist.

Wenn ich einen Eindruck auf Ul'el machen konnte, dann würde es im Bereich seines weltlichen Denkens sein müssen. Ich mußte mich an seine politische Erscheinungsform wenden und das Risiko eingehen, über die unübertragbare Beziehung zu seiner Gottheit zu stolpern.

»Ich will Ihnen sagen, wie ich die Zukunft sehe«, sagte ich. »Auf Atticas beiden Kontinenten werden zwei Nationen wachsen. Sie werden wenig gemeinsam haben . . . nicht einmal eine Denkweise oder eine biologische Herkunft. Wenn wir selbst einmal beiseite lassen, daß die Menschen von einem anderen Planeten hierhergekommen sind, leben diese beiden Rassen in verschiedenen Welten – auf Kontinenten, deren Lebenssysteme sich seit ihrem ersten Hervorkommen aus dem Meer getrennt entwikkelt haben. Diese beiden Nationen werden, wenn sie darauf bestehen, daß der Vorrang internen Dingen gebührt, daß sie sich um ihre eigenen Angelegenheiten kümmern, um ihr eigenes Land, ihren eigenen Reichtum, getrennt heranwachsen, jede mit dem Wissen, daß die andere existiert, aber ohne Wert darauf zu legen. Zu irgendeinem Zeitpunkt in der Zukunft – nicht, geschichtlich gesehen, in der in nur wenigen Jahrhunderten – wird innerer Druck die eine oder die andere veranlassen, ihre Aufmerksamkeit nach außen zu richten. Ich weiß nicht, ob der Auslöser Bevölkerungsdruck oder Habgier oder einfach die Notwendigkeit sein wird, innere Konflikte durch die Schaffung gemeinsamer Feinde zu beschwichtigen, aber es wird einen Auslöser geben, und man wird ihn drücken. Zwischen diesen beiden Nationen wird es Krieg geben. Es wird ein Krieg sein, den keine der beiden Seiten gewinnen kann, wenngleich vorübergehende Siege erzielt werden können. Es wird ein Krieg sein, der unaufhörlich weitergeht, der nie enden wird, selbst wenn er entschieden werden kann. Es gibt mehrere mögliche Entscheidungen, aber eine davon ist diese: Wenn die Erde erfahren sollte, daß eine ihrer Kolonien im Krieg liegt, dann wird sie eingreifen, ohne Rücksicht auf die Kosten. Sie wird nicht auf der Seite der Menschen eingreifen, sondern als unabhängige Macht mit dem Auftrag, den Frieden wieder herzustellen. Im Endeffekt wird die UNO *beide* Nationen niederwerfen. Beide werden verlieren und einer äußeren Macht unterworfen sein, die für die Kolonisten ebenso fremd sein wird wie für Sie.

Vielleicht sind Sie der Ansicht, daß bei alledem das Recht auf Ihrer Seite ist. Vielleicht vertreten Sie die Meinung, daß das Ihre Welt sei, daß die Menschen niemals hätten kommen sollen und daß es Ihr heiliges Recht ist, zu kämpfen, bis sie gezwungen werfen, für immer fortzugehen . . . oder sie alle zu töten. Ich weiß es nicht. Ich weiß aber, daß viele Menschen Ihnen recht geben würden. Aber der Knoten ist geschürzt. Die Situation ist so, wie sie ist. Es kommt wenig darauf an, wer den Knoten geschlungen hat und ob er das mit Recht getan hat.

So, wie ich die Zukunft sehe, gibt es nur einen Weg, diesen Krieg zu vermeiden, nämlich den Frieden durchzusetzen. Ich weiß nicht, ob das möglich ist. Vielleicht ist die Zukunft vorherbestimmt – vielleicht hat Y'sa alles in seinem Buch niedergeschrieben, und kein schwächlicher Mensch oder Or'el kann auch nur ein einziges Wort verändern. Aber wenn wir es versuchen sollten, hätten wir die Verpflichtung, die beiden Nationen jetzt zusammenzuführen, Verbindungen zwischen ihnen herzustellen, zuzulassen, daß sie einander kennenlernen, ihnen zu helfen, daß sie einander helfen. Bernhard Verheyden hat vielleicht einen guten Anfang gemacht, auch wenn seine Motive nicht ganz jene waren, die ich für ihn ausgesucht hätte. Wenn die Kinder sich durchsetzen, könnte dieser Anfang zunichte gemacht werden durch die Entschlossenheit, die Kolonie zu hassen, mit ihr in Wettbewerb zu treten, ihr zu zeigen, wie falsch es war, daß sie die Ambitionen ihres Vaters vereitelte. Aber wenn Sie sich durchsetzen, wird es nicht besser aussehen. Sie wollen die Kinder aus dem Weg haben, damit Sie sich auf Ihre Weise um Ihre Angelegenheiten kümmern können, Ihre kostbaren Gaben von Gott nutzend, aber im Hinblick auf sie keine Verpflichtung anerkennend.

Die Menschen neigen dazu, den Frieden als einen passiven Zustand zu betrachten – als Nicht-Krieg. Ich weiß nicht, ob Sie auch so denken. Der Frieden kann aber nicht passiv bewahrt werden. Er muß gebaut werden. Er muß gebaut und aktiv erhalten werden. Ab hier. Ab jetzt.«

»Es besteht die Möglichkeit«, sagte Ul'el in einem sonderbar entrückten Tonfall, »daß Sie Ilah'y'sa sind.«

Das mochte eine kleine Probe sein. Ich gedachte so oder so nicht darauf einzugehen.

»Nein, das bin ich nicht«, sagte ich. »Ich bin alles andere. Ich bin überhaupt kein Bote. Ich versuche nicht, Befehle zu erteilen oder Forderungen auszusprechen. Ich sage Ihnen, wie ich die Situation sehe. Es ist nicht die Ansicht eines Gottesauges – keine Spur davon. Es geht hier überhaupt nicht um Y'sa. Es geht um *uns* und darum, welche Entscheidungen *wir* treffen und was . . . am Ende . . . dabei herauskommt.«

Ich war mit einer Liste von Fragen zu Ul'el gekommen – manche trivial, andere von einer Bedeutung, die ich nicht abschätzen konnte. Er hatte sie alle kurzgeschlossen, indem er mich zwang, was ich zu sagen hatte, so früh und so direkt auszusprechen. Aber alles in allem hatte es den Anschein, daß wir die Atmosphäre gereinigt hatten. Er hatte mich sprechen wollen und mir gesagt, warum. Ich hatte ihn sprechen wollen und ihm erklärt, weshalb. Es würde noch andere Begegnungen geben. Wir hatten beide Stoff genug zum Nachdenken.

Als ich ging, waren meine Beine immer noch zittrig, fühlte sich meine Kehle immer noch trocken an. Das Hirngespinst des bösen Hohepriesters spukte immer noch durch die Gänge meines Gehirns. Es gab keinen Weg, in Erfahrung zu bringen, ob ich Ul'el trauen oder ob ich auch nur etwas zu ihm sagen konnte, das im Rahmen seiner Denkweise Sinn ergab.

Ich kehrte in einer Art hypnotischer Betäubung in mein Zimmer zurück mit dem Gefühl völliger Erschöpfung.

18

Ich öffnete meine Tür und trat in völlige Dunkelheit. Ich wußte, daß es irgendwo einen Lichtschalter gab, aber ich wollte mir nicht die Mühe machen, danach zu suchen. Auf einem kleinen Tisch neben dem Bett stand die Laterne, die einmal einem Stamm von Urwaldwilden gehört hatte. Im Licht, das durch die offene Tür vom Korridor hereindrang, konnte ich sie sehen.

Nachdem ich sie eingeschaltet hatte, kehrte ich um und wollte die Tür schließen, erstarrte aber bei der Erkenntnis, daß ich nicht allein war. Auf dem Stuhl saß, von der Tür her durch die hohe Rückenlehne verdeckt, Piet Verheyden.

Seine Kiefernmuskeln wölbten sich. Der Ausdruck in seinen Augen hätte Mariel wohl Übelkeit verursacht, wenn von ihr verlangt worden wäre, zu lesen, was sich dahinter verbarg.

Paranoiker schliefen oft nicht sehr gut, erinnerte ich mich. Sie sind gewohnheitsmäßig Nachtwesen.

»Wo sind Sie gewesen?« sagte er mit ätzendem Flüstern aus der Kehle.

»Unterwegs«, sagte ich kurz.

Es war ein Fehler. Wenn ich ruhig und leichthin gesprochen und ausführlich geantwortet hätte, wäre es mir möglich gewesen, den Ton des Gesprächs zu bestimmen. Wir hätten die nächste halbe Stunde damit verbringen können, in honigsüßen Tönen sarkastische Bemerkungen auszutauschen. Aber die Knappheit meiner scharfen Antwort stellte eine Herausforderung dar.

»Sie sind hergekommen, um uns zu vernichten«, sagte er immer noch in diesem albernen Flüsterton. »Sie glauben, Sie können uns alles wegnehmen. Das können Sie nicht. Es gehört *uns*. Wir haben es aufgebaut . . . mein Vater und ich. Niemand wird es uns wegnehmen. Nicht Sie. Nicht Ul'el.«

Ich wußte nicht, was ich sagen sollte. Ich konnte ihm nicht nach dem Mund reden, und ich wollte ganz gewiß keine heftige und lange Auseinandersetzung beginnen.

»Ich bin müde«, sagte ich. »Ich möchte mich schlafen legen.«

»Warum laufen Sie dann um diese Zeit durch die Gänge? Sie sind bei Ul'el gewesen.«

Ob das eine Vermutung war, oder ob er Bescheid wußte, ließ sich nicht sagen.

Es spielte auch keine große Rolle.

»Ich habe mich mit ihm getroffen«, gab ich zu. »Er hat seine Position dargelegt, ich die meine. Wenn es Sie beruhigt, wir sind zu keinem Übereinkommen gelangt. Zwischen unseren Zielen besteht eine gewisse Kluft. War es das, was Sie wissen wollten?«

Er starrte mich finster an.

»Sie sind sich über die Situation hier nicht im klaren«, sagte er. »Sie sind ein Fremder. Sie müssen zulassen, daß wir als Ihre Führer fungieren. Sie müssen in allen Punkten meinen Rat akzeptieren. Wir überblicken die Lage, Sie nicht. Wenn Sie unklug handeln . . .«

Die Drohung in seinen Worten war unverhüllt.

»Ich nehme das Risiko auf mich«, sagte ich. Wieder das Falsche – ich war müde, meine Nerven waren angespannt.

»Und das Mädchen?« sagte er. »Sie begreifen einfach nicht, wie verwundbar Sie hier sind. Sie müssen diejenigen, die wissen, was das beste ist, Ihre Führer und Beschützer sein lassen. Der Umgang mit Ul'el wird nichts bringen als Unruhe.«

Ich hätte ihn gern hinausgeworfen, beherrschte mich aber wenigstens soweit noch.

Statt dessen ging ich zu seinem Stuhl und beugte mich herab, eine Hand an der Lehne.

»Warum haben Sie solche Angst?« fragte ich leise. »Was hat Sie so in Panik gestürzt? Nicht einfach der allgemeine Stand der Dinge, soviel steht fest. Ich wollte Ul'el fragen, kam aber nie so recht dazu. Warum erschreckt Sie diese Epidemie im Süden so sehr?«

Sein Gesicht war bleich vor Wut. Ich hatte die Initiative ergriffen und setzte ihn unter Druck. Das ist leicht zu erreichen, wenn man es mit einem Paranoiker zu tun hat . . . aber nicht immer klug.

»Die Seuche bedeutet nichts«, flüsterte er. »Sie mag tausend Leben kosten oder hunderttausend. Hirten und Kleinbauern. Aber was sie sagen – in den Gossen von Ak'lehr ebenso wie im Süden –, ist, daß das ein Urteil Gottes sei . . . ihres geliebten Y'sa. Sie sagen, mein Vater sei ein falscher Bote gewesen, ein Versucher, und daß die Seuche Y'sas Strafe sei, weil das Volk auf ihn gehört habe. Das Gerücht ist bewußt als eine politische Attacke auf die Familie ausgestreut worden. Es ist ein Versuch, uns in Verruf zu bringen und zu enteignen. Es stammt von Ul'el.«

Ich trat zurück und ließ die Heftigkeit seiner Rede von der Spannung in der Atmosphäre etwas aufsaugen.

»Sie irren sich«, sagte ich nach kurzer Überlegungspause. »So sehr Ul'el Sie auch diskreditieren will, er hat nicht den Wunsch, Ihren Vater und das Wissen, das er nach Ak'lehr mitgebracht hat, in Verruf zu bringen – und er will ganz gewiß nicht sich und die Kirche in den Ruf bringen, auf einen falschen Propheten gehört zu haben. Solche Gerüchte kommen von ganz unten herauf, sie werden nicht oben ausgelöst. Es ist ein Ausdruck des Grolls gegen die gesamte politische Hierarchie . . . wenn es echte Macht besäße, wäre es das Banner einer Revolution. Aber ich glaube nicht daran.«

Er beachtete meine Einwände kaum. Das war nicht die Art, wie er die Dinge sah – er faßte das Ganze dafür viel zu persönlich auf. Mein kleiner Vortrag bestätigte eher seine feste Meinung, daß ich nicht verstehen konnte, was auf dem Spiel stand oder was hier vorging.

Er stand auf.

»Ich werde fertig damit«, sagte er. »Ich habe es früher auch geschafft. Wir sind mit Ul'el und seinesgleichen immer fertig geworden. Denken Sie nur daran, daß ich das Sagen habe. Ich kann Sie zerquetschen, wenn es nötig ist. Vergessen Sie auch das nicht.«

»Gewiß«, sagte ich und machte ihm Platz, als er zur Tür ging. »Gewiß.«

Er schloß die Tür ganz leise hinter sich. Ich konnte seine

Schritte nicht hören, als er sich durch den Flur entfernte.

Ich setzte mich auf das Bett, zog meine Stiefel aus und fluchte lautlos. Wenn Piet nichts anderes erreicht hatte, dann doch das eine, daß mein Gefühl unserer Verwundbarkeit hier in Ak'lehr wiederbelebt war. Bei dem Gespräch mit Ul'el hatte ich eine Weile beinahe das trügerische Gefühl gehabt, Herr der Lage zu sein, zu spüren, wie sich die Dinge meiner Gegenwart und meinem Willen fügten. Damit war es vorbei, und ich wußte wieder, wie hilflos ich in Wirklichkeit war.

Anmaßung hatte Ul'el meinen Versuch genannt, mich hier einzumischen – in nichts Geringeres einzugreifen als in den Verlauf der Geschichte. Ich hatte es bestritten. Aber es war Anmaßung. Ein eitles Unterfangen in mehr als einer Beziehung des Wortes.

Ich stieg ins Bett und schlief sehr schnell ein.

Rückenschmerzen bekam ich nicht.

19

Ich schlief fast bis Mittag. Es gab sehr wenig Geräusche im Gebäude oder vor dem Fenster (das auf einen Innenhof hinausging) und kaum etwas, das meinen Frieden und meine Behaglichkeit stören konnte. Ich hätte immer noch weiterschlafen können, wurde aber von einem höflichen Klopfen an der Tür geweckt.

Es war Mariel, schon munter und auf den Beinen. Sie schien meine Lage zu mißbilligen. Natürlich war sie viel früher zu Bett gegangen als ich.

»Was gibt es?« fragte ich.

»Aktion«, sagte sie. »Ich dachte, Sie möchten es wissen. Charles ist aufgetaucht. Ein Familienkrach braut sich zusammen.«

Ich setzte mich auf, rieb mir die Augen und versuchte, klar zu werden.

»Was für ein Krach?«

»Charles hatte Schwierigkeiten, in die Stadt zu kommen. Es

geht offenbar das Gerücht, daß er die Seuche mitgebracht hat. Was er mitgebracht zu haben scheint, sind ein paar Tiere und einige Kranke. Sie sind noch außerhalb der Mauern. Piet ist wütend.«

Ich konnte mir denken, warum. Wenn er sich Sorgen um Gerüchte machte, wonach die Epidemie eine persönliche Verlautbarung Y'sas sei, würde er Charles' Schritt, sie an die Tore von Ak'lehr zu bringen, als monumentale Dummheit betrachten.

Ich stieg aus dem Bett und zog mich hastig an.

»Wo sind sie?« fragte ich.

»In Piets Räumen«, gab sie zurück.

Ich überlegte mir traurig, daß es schade war, das Frühstück versäumt zu haben, folgte ihr aber durch den Flur und die Treppe hinauf. Der Streit war noch voll im Gange, als wir ankamen. Piet lief hin und her, vor Zorn beinahe bebend. Die anderen standen in verschiedenen Ecken des Zimmers. Anna hielt Abstand, den Tisch zwischen sich und den anderen, und beteiligte sich wenig oder gar nicht. Der Mann, den ich noch nicht gesehen hatte – Charles –, stand ungefähr einen Meter hinter der Tür neben Christian. Beide befanden sich im rechten Winkel zu dem Weg, den Piet fortwährend vor und zurück ging. Jan stand abseits und nahm am Gespräch teil, ohne sich aber erkennbar auf irgendeine Seite zu schlagen. Mariel und ich schlüpften hinter den Mitangeklagten herein und stellten uns gegenüber von Jan auf. Nur Anna sah uns länger als einen Sekundenbruchteil an.

»Ich glaube, er hat recht!« sagte Christian gerade.

»Ist ja wohl klar, daß *du* das denkst«, fauchte Piet erbost.

»Du könntest wenigstens zuhören«, meinte Charles. Der zweite der vier Brüder war äußerlich der eindrucksvollste – er war etwas größer als Piet, aber viel kräftiger gebaut. Seine Ähnlichkeit mit Piet und Jan wäre vielleicht deutlich gewesen, hätte er nicht einen Bart getragen, der mit einem Gewirr von hellbraunen Kräuselhaaren einen Großteil der unteren Gesichtshälfte verbarg.

»Piet«, warf Jan ein. »Das hat doch keinen Sinn. Es ist nun einmal geschehen. Warum sich darüber aufregen? Wir sind festgelegt. Machen wir weiter.«

»Ist nun einmal geschehen!« äffte ihn Piet nach und riß theatralisch die Hände hoch. »Ich höre nichts anderes. Ihr allesamt . . . ihr macht einfach weiter, ohne nachzudenken . . . ihr verpatzt alles vorne und hinten und in der Mitte. Und ihr kommt zu mir und sagt: ›Kommt nicht darauf an, was ich hätte tun sollen. Kommt nicht darauf an, was ich mir hätte überlegen sollen. Es ist nun einmal geschehen.‹ Und von *mir* erwartet ihr . . .«

»Niemand erwartet von *dir*, daß du etwas tust«, warf Charles ein.

»Ihr macht mich *krank*!« sagte Piet. »Alle miteinander. Du bringst die Seuche an unsere Tür, und Jan bringt . . .« Er war stehengeblieben und hatte sich halb herumgedreht, um auf uns zu deuten. Er hatte gewußt, daß wir im Zimmer waren, aber es war nicht vollends in sein Bewußtsein gedrungen, bis er direkt auf uns Bezug genommen hatte. Nun kam er auf die Idee, die Rechtmäßigkeit unseres Hierseins anzuzweifeln. Er ließ den Arm sinken.

»Was machen Sie hier?« fragte er.

»Kann ich in irgendeiner Weise von Nutzen sein?« sagte ich freundlich.

Es gab einen Chor widersprüchlicher Antworten. Christian und Jan sagten beide: »Ja« und übertönten Piets »Nein« beinahe völlig. Die unterschiedliche Reaktion überraschte mich, aber sie schien Piets Wut neu anzufachen. Er wußte nicht recht, welchen seiner Brüder er angreifen sollte. Jan trat schnell vor und griff nach seinem Arm.

»Hör zu, Piet«, sagte er. »Das hat alles keinen Sinn. Vielleicht hat Charles voreilig gehandelt. Er hatte aber seine Gründe, und es spricht einiges für sie. Wenn wir das *tun* können, was er sagt, können wir dieses unsinnige Gerücht wie nichts erledigen. Und Alex kann dabei helfen. Wenn es jemanden gibt, der es tun *kann*, dann ist es Alex. Begreifst du denn nicht, was das für uns bewirken wird? Ein Notstand bricht aus, und im selben Augenblick, als sich Panik auszubreiten beginnt, treffen neue menschliche Besucher ein ... und durch sie überwinden wir den Notstand. *Ilah'y'sa!* Wer könnte das bestreiten?«

Während Jan das sagte, begann ich leise Zweifel an der Rolle zu spüren, die er mir zudachte, aber es schien nicht der richtige Augenblick für einen Einwand zu sein. Wenn das die Gelegenheit war, einen Fuß in die Tür zu bekommen ...

Aber Piet antwortete bereits.

»O ja!« sagte er beinahe zischend. »Und was dann? Er nimmt wohl unseren Platz ein. Er wird der Nachfolger unseres Vaters. Und was tun wir? Wir gehen zur See, wie du? Werden Dammbauer wie unser schwachsinniger Charles? Was willst du uns eigentlich an*tun*?«

»Sei kein Narr«, sagte Christian. »Die Or'el werden zwischen uns nicht unterscheiden. Für sie sind wir alle Menschen, alle eine Familie. Was immer er auch tut, es kann nur für uns alle günstig sein. Er will nicht unsere Stelle annehmen oder da weitermachen, wo unser Vater aufgehört hat. Oder?«

Die Frage war an mich gerichtet.

»Nein«, antwortete ich wahrheitsgemäß.

Piet, immer noch außer sich vor Zorn, sah sich nach Unterstützung um. Jan hatte sich endgültig auf die Seite von Charles und Christian gestellt. Anna hielt sich immer noch heraus. Als er sie ansah, blieb sie stumm.

»Ihr werdet uns alle vernichten!« sagte er, die Stimme von der Infektion in seiner Kehle noch immer rauh – wenn es eine Infektion war. Er sah Charles dabei an, aber das Urteil galt allen. Dann wandte er sich ab und ging zur Innentür der Suite, die vermutlich in ein Schlafzimmer führte. Er warf sie krachend hinter sich zu.

»Wir gehen besser in mein Zimmer«, sagte Christian. Er ging zur Tür. Wir folgten ihm alle, außer Anna. Jan drehte sich um, als wir hinaustraten, und sagte zu ihr: »Kommst du?«

Sie schüttelte langsam den Kopf. Jan reagierte mit einem Achselzucken.

Christians Zimmer war im Flur nur einige Türen entfernt. Wir gingen alle hinein. Er zeigte stumm an, daß wir uns setzen sollten.

Es gab nur zwei Sessel – Jan nahm den einen, Mariel ließ sich in dem anderen nieder. Wir übrigen holten uns Stühle vom Tisch und drehten sie so herum, daß wir einander alle sehen konnten. Die Atmosphäre war gespannt. Christian schien sich über den Streit immer noch zu ärgern und Verlegenheit über seinen Ärger zu empfinden. Auch Jan war wütend – vielleicht weil Piet sich unfreundlich über seine Entscheidung geäußert hatte, uns nach Ak'lehr zu bringen. Charles wirkte nur bedrückt.

Jan stellte uns dem Neuankömmling mit spöttischer Förmlichkeit vor.

»Wie kommen Sie darauf, daß ich helfen könnte?« fragte ich, obwohl ich schon mehr als einen Verdacht hatte.

»Das soll Charles lieber sagen«, gab Christian zurück. »Von Anfang an.«

Charles nahm sich ein wenig zusammen.

»Wir bauen an einem Fluß im tiefen Südwesten einen Damm«, sagte er. »Wir besetzen das Gebiet – das heißt, wir beanspruchen das Ganze und haben in den meisten größeren Siedlungen Armeeposten eingerichtet. Wir haben die Straße weitergebaut. Es gibt da viel gutes Land, sobald die Bäume auf den Hügeln gerodet sind, und es könnte noch sehr viel mehr geben, wenn wir die Graslandebene südlich der Hügel bewässern könnten. Dazu dient der Damm. Wir können einen Großteil der Wassermenge nach Westen in das Trockengebiet umleiten. Im Augenblick ist das Grasland von Nomadenhirten bewohnt – in der Ebene nördlich der Hügelkette gab es davon auch sehr viele, und es gibt sie noch, obwohl schon die Bauern anrücken. In dieser Region hat es zwischen Hirten und Bauern stets Schwierigkeiten gegeben, und ich glaube, daß das viel mit der Unzufriedenheit zu tun hat, die dieses üble Gerücht hervorbrachte.

Jedenfalls kommen die meisten meiner Arbeiter aus den Dörfern nördlich der Hügel. Vor zwei Monaten versuchte ich, mehr von ihnen anzuwerben und konnte es nicht. Nicht nur das, sondern als ich die Reise gemacht hatte, begann die Zahl derjenigen, die sich von der Arbeit entfernten, zuzunehmen. Es stellte sich heraus, daß nördlich der Hügel irgendeine Seuche ausgebrochen war, und man flüsterte, sie sei von der Beteiligung der örtlichen Bewohner am Dammbau oder – um genauer zu sein – dadurch hervorgerufen worden, daß sie sich mit mir einließen. Die Hirten hatten die Krankheit in ihren Stämmen schon immer gekannt, aber sie war stets selten gewesen. Es hatte nie eine Epidemie gegeben – nur isolierte Fälle. Sie brachten die Veränderung mit all den anderen Wandlungen in Zusammenhang, die ringsum vorgingen – daß die Bauern kamen, daß die Straße gebaut worden war, daß es Soldaten gab –, mit all den Dingen, durch die sie ihre Lebensweise bedroht sehen. Das Problem ist, daß die Bauern diese Beurteilung zu akzeptieren schienen, weil *sie* die Krankheit nun auch bekamen . . . zunächst nur vereinzelt, aber dann immer häufiger. Die Armee wurde ebenfalls angesteckt . . . und sie begannen *alle* die Logik der Behauptung anzuerkennen, das rühre von den Veränderungen in ihrer Lebensweise her. Nur wußten die Einwanderer im Reich, daß nicht *sie* es waren, die die Schuld trugen, sondern *wir* . . . die Menschen. Nach ihrer Meinung waren wir die letzte Ursache aller Veränderungen. Von den Priestern waren wir als Ilah'y'sa begrüßt worden. So war die Seuche die Heimsuchung Y'sas, ausgelöst dadurch, daß die Priester einen Fehler gemacht hatten.

Zu Anfang hatte ich vor, mich durchzusetzen. Aber ich konnte nicht dafür sorgen, daß die Arbeit weiterging. Der Dammbau stand praktisch still . . . und dann begannen sie ihn sogar zu sabotieren. Wir machten nicht nur keine Fortschritte, unsere Arbeit wurde auch noch zunichte gemacht. Ich wußte, daß es nur eine Frage der Zeit sein konnte, bis sie sich auch an mich heranwagen würden. Ich hatte militärischen Schutz, aber auf die Loyalität der Soldaten konnte ich mich nicht restlos verlassen.

Ich schickte Briefe hierher, um vor der Situation zu warnen, bekam aber außer beruhigenden Floskeln von Piet keine Antwort. Das Gerücht hatte Ak'lehr damals noch nicht erreicht, und die Lage erschien ihm keinesfalls ernst. Wie ich höre, stehen die Dinge jetzt ein wenig anders, aber natürlich gibt er mir die Schuld.

Ich sah nur eine Möglichkeit. Ich mußte dort weg, aber das Fortkommen allein würde nicht genügen. Ich würde eine blühende Flüsterkampagne zurücklassen und die Möglichkeit einer Rebellion in der Provinz. So hielt ich es für das beste, einige der Hirten mitzubringen, die erkrankt und wieder genesen waren – etwa die Hälfte der davon Befallenen stirbt –, sowie einige Leichen zur Obduktion. Ich dachte, wir könnten hier feststellen, um welche Krankheit es sich handelt, und eine Art Anti-Serum herstellen, um die Leute zu immunisieren. Ich habe auch einige von den Tieren mitgebracht, weil ich annahm, sie könnten der eigentliche Ursprung der Seuche sein, wenn die Hirten sie seit ewigen Zeiten sporadisch erlebt hatten.

Nun, der Plan schien gut zu sein, aber Sie können sich die Schwierigkeiten vorstellen. Ich ließ die Leichen in Eis packen, aber vom tiefen Süden bis Ak'lehr ist ein weiter Weg. Es war ein langer Kampf, zu verhindern, daß die Leichen verfaulten. Ich mußte die ersten zurücklassen . . . aber dann kam ich dahinter, daß die Seuche entlang der Straße auch nach Norden zog. Ich begann die Größenordnung des Problems erst zu erkennen, als ich noch einen Ersatz fand. Nur einen diesmal . . . aber inzwischen war ich tief im Inneren des Reiches. Das breitet sich nach Norden aus, und zwar mit großer Schnelligkeit. Es war unausweichlich, daß das Gerücht rings um mich anschwoll und mit ihm das Gerücht, daß *ich* der Träger sei . . . daß ich es sei, der verseuchte Leichen und Hirten und ihre schmutzigen Tiere mitschleppte und die Seuche verbreitete. Es war nutzlos, darauf hinzuweisen, daß sie vor mir zu den Stellen gelangt war, wo ich frische Leichen aufgenommen hatte. Dank Y'sa waren die Soldaten, die ich dabei hatte, vernünftige Leute . . . sie wußten, was ich zu tun versuchte. Sie begriffen, wie wichtig der Versuch ist, dieser Sache Einhalt zu gebieten.

Wenn nur Piet es einsehen könnte!

Sie wollten mich nicht in die Stadt lassen. Das Gerücht war vor mir eingetroffen, und man war überzeugt, daß die Seuche nach Ak'lehr selbst gelangen würde, wenn man meine Wagen hineinließ. Nachdem ein halbes Dutzend Leute von der Akademie – Christian eingeschlossen – schließlich hinauskam, um mit mir zu reden, durfte ich hinein. Die Wagen stehen immer noch vor den Mauern, aber das Gerücht ist in der Stadt und wächst mit jeder Gasse, die es erreicht. Piet ist außer sich vor Wut ... aber er sieht nicht ein, daß ich, hätte ich nicht so gehandelt, den Tag nur hinausgeschoben hätte, statt ihn zu verhindern. Diese Epidemie wird nicht dadurch aufgehalten, daß man sie ignoriert. Wir müssen etwas unternehmen ... zumindest herausfinden, was sie verursacht. Ich glaube, ich kann einige der Meister überzeugen – die Gerüchte gefallen ihnen nicht besser als uns. Aber so, wie Piet sich benimmt, wird er eher Öl als Wasser ins Feuer gießen. Christian hat mir über Sie nicht viel berichtet, außer daß Sie von der Erde sind, aber wenn Sie behilflich sein können ...«

Ich nickte.

»Das kann ich«, sagte ich. »Ich habe einen großen Teil meiner Ausrüstung bei einer kleinen, internen Auseinandersetzung verloren, aber das Wesentliche besitze ich noch ... und die Akademie hat vermutlich eigene Labors und Anlagen. Das Entscheidende ist, Ihre Exemplare hereinzuholen und sie irgendwo zu isolieren. Wir brauchen Hilfe. Sind Sie sicher, daß Sie von den Meistern ein gewisses Maß an Mitarbeit zu erwarten haben?«

»Ja«, sagte Christian. »Ich habe früher schon bei medizinischer Forschung mitgeholfen. Ich kann jetzt auf Mitarbeit rechnen. Die Meister wollen die Seuche im Süden ebenso dringend zum Stillstand bringen wie jeder andere. Sie werden sich um die Dummköpfe an den Toren kümmern.«

»Dann fangen Sie an«, sagte ich. »Wir dürfen keine Zeit verlieren.«

Christian nickte und ging zur Tür. Charles zögerte, dann machte er eine dankende Handbewegung in meine Richtung und folgte ihm.

Ich blieb noch einige Sekunden sitzen und sah Jan an, der mich nachdenklich anstarrte.

»Vielleicht war es ein Fehler«, sagte er.

»Daß Charles die Hirten und die Leiche mitgebracht hat?« fragte ich.

»Nein. Das war strafbare Dummheit. Ich spreche davon, daß ich *Sie* hierhergebracht habe.«

Ich schüttelte den Kopf.

»Was Charles vom Hinausschieben des schwarzen Tages sagte, war richtig«, sagte ich. »So oder so. Er hat richtig gehandelt, wie Sie. Man muß den Dingen ins Gesicht sehen. Man kann sie nicht unter den Teppich kehren. Wenn Sie die schlimmen Tage immer nur hinausschieben, gewinnen Sie nicht mehr als ein wenig Zeit – und Sie verlieren jede Gelegenheit, die Sie hatten, sich mit ihnen zu befassen, als sie auftauchten.«

»Jetzt ist es schon geschehen«, sagte er abschließend.

»Richtig«, gab ich zurück. »Sie kommen am besten mit mir, um meine Ausrüstung zu holen – Sie können mir zeigen, wo das Labor ist, und helfen, die Sachen hinzutragen.«

»Glauben Sie, daß Sie etwas tun können?« fragte er.

»Ich bin sicher.«

»Glauben Sie . . . wenn Sie nicht hiergewesen wären . . . wir und die Meister . . .?«

»Vielleicht«, sagte ich. »Aber das werden wir nie wissen. Ich kann es besser. Wenn je ein Problem genau für mich gemacht war, dann dieses.«

»Das dachte ich mir«, sagte er. Er schien immer noch zu zögern, so als beschäftige ihn noch etwas.

»Was ist?« sagte ich. »Nichts«, gab er zurück.

»Ilah'y'sa«, sagte Mariel zum erstenmal. »Das ist es, nicht wahr?«

Er sah sie einigermaßen erstaunt an. Ich begriff, was sie meinte. Jan glaubte zumindest halb daran. Er war in einer fremden Kultur mit einem fremden Gott aufgewachsen. Er war der Sohn seines Vaters . . . aber er war auch Ak'lehrianer. Er *war* bereit, uns als Boten Gottes anzuerkennen. Nicht für die Or'el, sondern für *ihn*.

»Gehen wir«, sagte ich. »Wir haben Arbeit vor uns.«

20

Ich arbeitete den ganzen Tag und einen Großteil der Nacht an der Leiche, die Charles mitgebracht hatte. Mariel, Christian und Charles assistierten mir. Wir hielten es für das beste, die Meister und alle Studenten, die sonst das Labor bevölkerten, fernzuhalten, um die Infektionsgefahr zu verringern. Sie fügten sich ohne große Widerrede.

Es war einfach genug, was das fremde Wesen – im Sinne physischer Symptome – getötet hatte. Sein Blut war durch eine Reaktion ganz ähnlich einer Hepatitis vergiftet worden. Die Ursache zu finden, war eine andere Sache, zumal nur ein kleines Mikroskop zur Verfügung stand. Ich nahm Blutproben von den Hirten, die erkrankt und wieder gesund geworden waren, dann schickte ich Christian um Blutproben von einigen gesunden Or'el. Es war mühsame, langwierige Arbeit. Lange bevor ich aufgab, wußte ich, daß Charles' Bemühungen vermutlich umsonst gewesen waren, jedenfalls was den Toten betraf. Er war zu lange tot, und trotz der Eispackungen hatten die Zerfallsprozesse meine Aufgabe zu sehr erschwert.

Ich veranlaßte Charles, die zottigen Pelze der Tiere zu kämmen, die er mitgebracht hatte, und zeigte Christian, wie er zur späteren Untersuchung Blutproben von ihnen abnehmen sollte. Während der Pausen befragte ich die Hirten, unterstützt von Charles. Ich stellte mehrere Hypothesen auf und wählte diejenige aus, die für mein Gefühl die wahrscheinlichste war, aber ich konnte nichts finden, was nach einem konkreten Beweis ausgesehen hätte. Ich war nicht in der Lage, irgendeine von einem halben Dutzend möglicher Erklärungen eindeutig zu verwerfen.

Jan brachte uns untertags zu essen, und am Abend kam Anna mit. Sie stellte forschende Fragen über das, was wir gefunden hatten, und ich wußte, daß sie Piet Bericht erstatten würde. Ich stellte mir nicht vor, daß das Ausbleiben guter Nachrichten ihn aufheitern würde, obwohl das nahelegte, daß er mit seiner Meinung über die Unsinnigkeit von Charles' Verhalten recht gehabt hatte.

Gegen Mitternacht fühlte ich mich sehr enttäuscht, und die anderen, die mir geholfen hatten, teilten die Enttäuschung in vollem Maß. Charles' Versuch, irgend etwas anderes zu finden, was wir tun konnten, um einer Antwort näherzukommen, war von einer gewissen Verzweiflung bestimmt.

Während wir entmutigt und stumm beieinander saßen und schon im Begriff waren, für diese Nacht Schluß zu machen, kam Jan wieder in das Labor. Er blickte auf den Seziertisch, der jetzt leer war, und auf die Arbeitstische, wo wir eine Objektträger-Serie nach der anderen untersucht hatten, die nun wirr durcheinanderlagen.

»Nichts?« sagte er.

Ich antwortete mit einer schlaffen Handbewegung.

»Was ist das eine, das Sie brauchen würden, um das Problem zu bewältigen?« fragte er.

Auf den ersten Blick war es ein hypothetisches Problem, und ich hielt die Antwort für so naheliegend, daß ich es als ein rhetorisches behandeln konnte. Dann begriff ich, daß es, wenn rhetorisch, vermutlich nicht hypothetisch sein konnte.

Charles begriff auch. Er wurde bleich.

»O nein . . .«, sagte er schwach.

»Einer der Soldaten, der dich zurück begleitet hat«, sagte Jan. »Und er ist seit sechs Stunden außer Dienst. Die meiste Zeit war er zu Hause, aber . . .«

Die Seuche war in der Stadt.

Ich verfluchte mich auf der Stelle als Narren, nicht darauf bestanden zu haben, daß die gesamte Begleitung von Charles in Quarantäne genommen wurde. Aber ich hatte die militärische Eskorte vergessen. Wäre ich selbst zum Stadttor gegangen, dann hätte ich sie oder irgend etwas anderes gesehen, das den Gedanken in mir ausgelöst hätte, aber ich hatte es nicht getan.

»Wo ist er?« fragte ich.

»Oben«, erwiderte Jan. »Im Lazarettflügel.«

»Können Sie die anderen einsammeln?« sagte ich. »Sie müssen alle in Quarantäne.«

»Ich versuche es«, sagte Jan. »Die Meister werden es einsehen. Aber da draußen . . .«

Da draußen in der Stadt bedurfte es nur eines Zwischenfalls, um alle Gerüchte mit der Nahrung zu versehen, bei der sie gedeihen würden.

»Gehen Sie hinauf«, sagte ich zu Christian. »Nehmen Sie die Proben. Ich räume hier auf. Wie geht es ihm?«

Diese Frage galt Jan.

»Er ist schwer krank«, sagte er. »Hohes Fieber.«

»Mariel«, sagte ich, »versuchen Sie, seine Temperatur herabzudrücken. Tun Sie, was Sie können, um seine Symptome zu behandeln. Können Sie das?«

Sie nickte und verließ mit Christian das Labor. Ich machte mich an die Arbeit.

»Wie ernst ist es?« fragte Jan.

»Ich kann es nicht sagen«, erwiderte ich. »Es hängt davon ab, wie lange die Krankheit zur Inkubation Zeit hatte. Wenn es sich nur um eine verzögerte Reaktion handelt und er sie im Süden aufgeschnappt hat, besteht vielleicht überhaupt keine Gefahr. Aber wenn er sich hier in der Nähe angesteckt hat . . . es hängt alles davon ab, wie die Ansteckung zustande kam. Wenn ein Bakterienüberträger erforderlich ist, besteht keine unmittelbare Gefahr. Wenn sie von Person zu Person übertragen werden kann . . . dann könnte es in absehbarer Zeit eine Katastrophe geben.«

»Können Sie ein Serum herstellen, um sie zu bekämpfen?«

»Vermutlich«, antwortete ich. »Aber nicht in großen Mengen. Ich habe die Mittel nicht dazu. Und was für ein Serum es ist, hängt sehr davon ab, wodurch die Krankheit ausgelöst wird. Ich verdächtige eine Art Einzeller, aber bis jetzt kann ich Bakterien oder Viren nicht ausschließen . . . bis ich Blutproben ausstreichen und sie mir unter dem Mikroskop ansehen kann, werde ich nichts sagen können.«

»Wie lange wird es dauern?« fragte Charles.

»Vielleicht zwei Tage, vielleicht eine Woche, vielleicht . . .« Ich schloß mit einem Achselzucken und beauftragte ihn, Objektträger für das Ausstreichen der Blutproben vorzubereiten.

»Kann ich Ihnen etwas besorgen?« fragte Jan.

»Ja«, sagte ich. »Eine Landkarte.«

»Eine Landkarte?«

»Die beste, die Sie haben. Ich brauche eine Karte des Gebietes, wo Charles tätig war, und der Gegenden um die Straße, die es mit der näheren Umgebung verbindet. So detailliert, wie Sie sie bekommen können.«

Er stellte keine Fragen mehr. Christian kam ohne Mariel zurück und brachte vier Glasröhrchen mit jeweils einigen Millilitern Blut.

Die Arbeit wurde fortgesetzt mit noch mehr Dringlichkeit als während des Tages.

Diesmal, mit neuem Material ausgerüstet, war es leicht. Das Gefühl, das ich bereits hatte, sagte mir genau, wonach ich suchen mußte, und nun, da ich etwas vor mir hatte, dauerte es nicht lange. Die Bestätigung würde natürlich noch viel Arbeit und sorgsamen Umgang mit dem Material erfordern, aber meine Zuversicht war groß.

Jan hatte gewartet, als er die Karten brachte, und das Warten dauerte nicht sehr lange. Sobald in meinem Inneren alles klar war, verließ ich das Mikroskop, und wir breiteten auf dem Tisch, wo vorher die Leiche gelegen hatte, die Karten aus.

»Zeigen Sie mir die Wanderwege der Hirten«, sagte ich zu Charles.

»Nördlich oder südlich der Hügel?« fragte er.

»Nördlich.«

Er zeichnete mit der Hand einen großen Kreis.

»In diesem Gebiet«, sagte er. »Genau weiß ich es nicht. Vielleicht können die Hirten es uns sagen, aber sie werden die Karte nicht verstehen. Ich muß sie erst fragen ... und sie schlafen jetzt.«

»Schon gut«, sagte ich. »Die südliche Grenze ist der Wald hier, nicht? Diese Hügel bilden eine lange Barriere vor dem Süden, eine Art Sockel für das ganze Wandergebiet . . . Die Hirten aus dem Norden gehen nicht hinüber?«

»Nein«, sagte Charles. »Bevor wir die Straße hindurch bauten und von diesem Teil hier aus den Wald rodeten, gab es im Wald nur Trampelpfade. Im Wald lebten Leute – den Nomaden zufolge Banditen. Südlich der Weiden gibt es natürlich auch Hirten mit anderen Tieren, aber sie sind viel verstreuter und ziehen nicht so weit herum. Sie wandern von Ort zu Ort, aber soviel ich weiß, haben sie keine festen Wanderrouten.«

»Diese beiden Graslandgebiete sind Tausende von Jahren getrennt gewesen«, sagte ich. »Bis Sie die Straße hindurchgebaut haben.«

»*Manche* Leute sind hinübergegangen«, wandte Charles ein. »Ich habe mich ein wenig zu kraß ausgedrückt. Es hat stets Kontakte gegeben, wenn auch nur vereinzelt.«

»Manche *Leute* sind hinübergegangen«, sagte ich, seine Betonung verbessernd. »Aber die Straße hat eine richtige Öffnung geschaffen. Sie haben den Wald in allen diesen Tälern gerodet, nicht wahr?«

»Wir mußten das Land auf beiden Seiten der Straße roden . . . wegen der Banditen. Und wir brauchten Nutzholz, um es nach Süden mitzunehmen.«

»Sie haben eine Dammstraße eröffnet«, sagte ich. »Zwischen zwei isolierten Gebieten. Sie haben der *Fauna* beider Regionen Zugang zu einem neuen Lebensraum geschaffen. Vorher waren der Wald und die Hügel ein Hindernis gewesen – nicht für Menschen oder Vögel oder einige der größeren Tiere, aber trotzdem ein Hindernis. Ein Hindernis für Insekten.«

»Aber die Seuche ist nicht im Süden entstanden!« wandte Charles ein. »Sie entstand nördlich der Berge, und die Krankheit ist dort immer bekannt gewesen. Es hatte vorher nur nie eine Epidemie gegeben. Ich verstehe nicht, was der Süden damit zu tun haben soll – am Damm hatten wir überhaupt keine Krankheitsfälle.«

»Die Fliegen haben die Krankheit nicht mitgebracht«, sagte

ich. »Ich sage Fliegen . . . es kann auch eine andere Art von blutsaugendem Insekt gewesen sein. Die Fliegen kamen von selbst. Wenn eine Gattung erstmals in einen neuen, geeigneten Lebensraum eindringt, genießt sie oft einen spektakulären Erfolg. Die Blutsauger aus dem Süden erlebten im Norden vermutlich eine Bevölkerungsexplosion und waren den örtlichen Gattungen überlegen, die in dieselbe biologische Nische gehörten. Die südlichen Arten waren wahrscheinlich im Vorteil, weil sie anpassungsfähig sind – sie saugen praktisch das Blut von jedermann, während die nördlichen Ektoparasiten wählerischer sind.

Ich glaube jedenfalls, daß es einen Transfermechanismus gegeben hat, der vorher nicht vorhanden war: aus dem Süden kam ein Bakterienüberträger, der fähig war, eine Krankheit, die in den Tierherden der Hirten endemisch war, die Tiere aber nicht nachhaltig schädigte, in die Or'el-Bevölkerung zu übertragen. Or'el waren auch früher schon erkrankt, aber nur unter besonderen Bedingungen – direkter Kontakt mit dem Blut der Tiere. Nun gibt es einen geeigneten Überträger, der die Infektion von Person zu Person weitervermittelt, von Tier zu Person, von Person zu Person, von Tier zu Person, von Person zu Tier . . . sehen Sie das Schema?«

»Können Sie das beweisen?« fragte Charles.

»Wahrscheinlich. Ich habe den Organismus, der die Krankheit hervorruft, schon gefunden – es ist ein einzelliges Wesen, vergleichbar mit den Geißeltierchen der Erde. Es befindet sich ebenso im Blut der Tiere, die Sie mitgebracht haben, wie in dem des Soldaten. Ich habe das Vorhandensein des Überträgers unterstellt, aber eine Expedition in den Süden sollte diesen Teil des Puzzles mühelos finden können.«

»Dafür bleibt keine Zeit«, sagte Jan. »Können Sie die Krankheit heilen?«

Ich schüttelte den Kopf.

»Ich kann die Mittel für ein massives Impfungsprogramm nicht aufbringen, selbst wenn ich ein Serum herstellen könnte«, erwiderte ich. »Nicht hier. Aber von einem können wir überzeugt sein, nämlich daß die Gefahr hier in der Stadt keine unmittelbare ist. Der Soldat muß sich weit von hier an der Straße angesteckt haben – diese Art von Schmarotzer kann lange Zeit latent bleiben.«

»Das ist wenigstens etwas«, meinte Christian.

»Es ist ein vorübergehender Aufschub«, sagte ich. »Ihre Methoden des Ackerbaus, die sich auf weitreichende Bewässerungsanlagen stützen, werden es dem Überträger leichtmachen. Die Seuche breitet sich bereits nach Norden eus. Wenn sie über das Gebiet hinausgelangt, wo die Hirten sie mit sich herumschleppen, gibt es überall ein halbes Dutzend Arten von Haustieren, und es gibt die Or'el. Niemand kann sagen, welchen Schwierigkeiten das Reich auf lange Sicht entgegengeht. Vielleicht wird das kühlere Klima die Reichweite des Überträgers beschränken. Vielleicht werden andere ökologische Faktoren ihn aufhalten. Aber eines steht fest, nämlich daß diese Epidemie im Süden verdammt viele Leute töten wird, und wie weit nördlich ihre Raubzüge Jahr für Jahr gehen werden, kann niemand vorhersagen. Die Panik hier in Ak'lehr mag nicht von Dauer sein ... aber das wird das Problem nicht lösen. Auf keinen Fall.«

»Wir müssen aber doch irgend *etwas* tun können«, sagte Charles. »Irgendeine Impfung ... um zu zeigen, daß wir das wenigstens bekämpfen.«

»Sie verlangen ein medizinisches Wunder«, sagte ich. »Niemand kann es hier liefern.«

Ich betonte das Wort ›hier‹ ein wenig – so daß Jan fragte: »Worauf wollen Sie hinaus?«

»Auf Lambda gibt es ein Raumschiff mit einem Labor für Gen-Technik«, sagte ich. »In diesem Labor kann ich ein medizinisches Wunder bewirken – kein Impfserum, sondern einen nach Maß gefertigten Virus, der den Krankheitserreger vernichtet. Das ist Bekämpfung des Feuers mit Feuer – ein Erreger, um einen Erreger zu vernichten. Wenn ich den Virus herstellen und ihn in den südlichen Provinzen freisetzen kann ... die Epidemie würde rasch eingedämmt werden, und innerhalb von zwei Jahren hätten

Sie kein Problem mehr.«

Es wurde still.

Jan und Christian tauschten einen Blick.

Charles sagte: »Piet ist nicht . . .«

Er verstummte, els Maàiel hereinkam.

»Das Fieber ist abgeklungen«, teilte sie mit. »Er ist noch bewußtlos, aber soweit ich das beurteilen kann, nicht in Lebensgefahr. Sehen Sie ihn sich einmal an.«

Ich nickte und eilte sofort hinaus. Die drei Brüder ließ ich zurück. Keiner folgte mir. Sie hatten allerhand zu besprechen.

Ich ließ ihnen Gelegenheit dazu.

21

Ich wurde von einer Hand geweckt, die meine Schulter berührte. Ich wollte nicht aufwachen und mußte mit Gewalt meine Augen öffnen, um zu sehen, wer es war. Es war Jan.

»Wie spät ist es?« fragte ich mit dem Gefühl, irgend etwas sagen zu müssen, wenn auch nur, um mein Gehirn in Tätigkeit zu setzen.

»Fünf«, sagte er und meinte den späten Nachmittag.

Ich konnte nicht ausrechnen, wie viele Stunden Schlaf ich gehabt hatte, aber ich wußte, daß es nicht genug waren.

»Ik'ri möchte Sie sprechen«, sagte Jan als Antwort auf meine unausgesprochene Frage. »Er ist mit Ur'shere und Ul'el zusammen. Sie wollen über die Seuche sprechen.«

»Wo ist Mariel?« fragte ich, schlug die Decke zurück und schob mich hoch.

»Sie schläft. Christian ist bei dem Soldaten, aber es geht ihm jetzt gut. Er wird gesund werden – aber zur Sicherheit halten wir ihn von den anderen Or'el fern.«

Ich begann, mich anzuziehen.

»Es wäre vielleicht viel sicherer, wenn Sie ihn der Pflege seiner eigenen Leute überlassen würden«, meinte ich. »Sie sollen sehen, daß er gesund wird, und das verbreiten. Wenn wir ihn hierbehalten, wird das die Gerüchte nur verstärken.«

Er gab einen Laut von sich, der halb ein Lachen, halb ein angewiderter Ausruf war.

»Die Gerüchte brauchen keine Verstärkung mehr«, sagte er. »Und gegen sie ist nicht mehr anzukommen. Wissen Sie, wie viele Leute jeden Tag in Ak'lehr sterben? Wissen Sie, wie viele von diesen Todesfällen heute der Seuche angelastet werden? Die Ursachen sind alle verschieden, alle bekannt . . . aber das nützt nichts. Die Gerüchte genügen . . . irgend jemand stirbt, jemand flüstert . . . das läßt sich nicht aufhalten. In der populären Version der Geschichte ist dieser Soldat bereits tot, und selbst wenn wir ihn mit der Kutsche des Königs durch die Stadt fahren würden, gäbe es keinen, der etwas anderes glaubte. Es ist uns geraten worden, die Akademie nicht zu verlassen. Ich halte das für einen guten Rat. Seit den letzten Unruhen sind drei Monate vergangen – es braut sich schon seit geraumer Zeit etwas zusammen, das nur auf einen Anlaß und auf den richtigen Ort wartet.«

Ich zog mich fertig an und überlegte mir, daß ich das Frühstück schon wieder verpaßt hatte.

»Es wird vorbeigehen«, sagte ich. »Ohne eine echte Epidemie kann die Panik nicht von Dauer sein.«

»Es wird vorbeigehen«, bestätigte Jan. »Wenn es Ul'el nicht gelingt, seinen Magisterkollegen einzureden, daß sie die Gelegenheit ergreifen sollten, uns loszuwerden. Jedenfalls Piet loszuwerden . . .«

»Glauben Sie, daß er das tun wird?« fragte ich. Jan hielt mir die Tür auf, und ich ging hinaus und wartete im Flur darauf, daß er mich zum Treffen mit der Aristokratie von Y'sas Kirche führte.

»Er wird es versuchen«, sagte Jan. »Aber ich glaube nicht, daß er Erfolg haben wird. Das würde ein zu schlechtes Licht auf die Kirche werfen. Die Priester achten sehr darauf, ihr Ansehen zu wahren. Niemand, der an der Macht ist, kann von einem Umsturz etwas erhoffen. Ik'ri und Ur'shere können gemeinsam Ul'el zügeln. Und mit seiner Mitarbeit können sie die übrigen im Zaum halten. Und wer weiß – vielleicht führt dieses neue, allgemeine Interesse an Seuchen dazu, daß die Kanalisation der Stadt neu gebaut wird. Charles kann auf seinen Damm verzichten und richtige Arbeit leisten.«

Ich konnte nicht unterscheiden, ob er seine Sorge mit Sarkasmus verdecken wollte oder ob er seiner Sache wirklich sicher war. Ich entschied mich für das erstere. Er machte sich noch immer Gedanken über seine Rolle bei der ganzen Geschichte, weil er Mariel, Nieland und mich nach Ak'lehr gebracht hatte.

Wir gelangten schließlich aus dem endlosen Labyrinth von Korridoren in einen kleinen Hof, der mit vier rautenförmigen Blumenbeeten und einer Anzahl junger Bäume bepflanzt war. Die Sonne stand noch hoch genug am Himmel, um Schatten über den gepflasterten Bereich am Ende zu werfen, wo wir hereinkamen, ohne die Beete selbst in den Schatten zu bringen. Die drei Meister warteten auf den Bänken in der Mitte des Hofes. Ich nahm an, daß der Treffpunkt bewußt ausgewählt worden war, um die Zwanglosigkeit des Anlasses hervorzuheben.

Jan stellte mich den beiden vor, die ich noch nicht kannte, und entfernte sich. Binnen weniger Augenblicke nach seinem Fortgang hatte ich vergessen, wer wer war. Sie waren gleich gekleidet, und ihre Züge schienen einander sehr ähnlich zu sein. Ich wußte, wer von den dreien Ul'el war, aber während das Gespräch in den ersten Minuten aus förmlichen Höflichkeiten bestand, konnte ich die beiden anderen nicht unterscheiden. Sie blieben nicht sitzen, sondern gingen umher, während sie sich mit mir unterhielten. Dann nannte Ul'el Ik'ri beim Namen, und ich benützte die Gelegenheit, danach seine Bewegungen zu verfolgen, wenngleich ich vergeblich nach einem Merkmal suchte, das ihn von seinem Kollegen unterschieden hätte.

Zu Anfang sprachen wir nur über allgemeine Dinge und Themen, über die sie bereits informiert sein mußten. Sie schätzten mich ab. Ich erfuhr, daß sie im Laufe des Tages bereits mit Nieland gesprochen hatten.

Schließlich kamen sie aber zur Sache.

»Mit Hilfe des Schiffes, das Sie von der Erde hierhergebracht hat, können Sie ein Heilmittel gegen die Krankheit erzeugen, die sich von Süden her ausbreitet«, sagte der, von dem ich ziemlich überzeugt war, daß es Ik'ri sein mußte. Es war keine Frage.

»Ich kann den Seuchenerreger vernichten«, sagte ich. »Das ist nicht ganz dasselbe wie die Heilung einzelner Fälle. Was ich vorhabe, ist eigentlich, einen Virus herzustellen – oder neues genetisches Material in schon vorhandene Viren einzupflanzen –, der den Erreger angreift. Der Seuchenerreger wird dann selbst von einer Epidemie befallen werden. Er wird nicht ganz ausgelöscht werden, aber es wird zu einem Gleichgewicht kommen, das eine neuerliche Bevölkerungsexplosion des Krankheitserregers nicht zuläßt. Die Krankheit wird es noch geben – aber es überfordert Ihre Mittel nicht, Arzneien für die Behandlung von Symptomen in Einzelfällen zu erzeugen. Sie sollten in der Lage sein, die Sterblichkeitsrate in hohem Maß zu verringern.«

»Wie lange würde das dauern?« fragte Ur'shere.

»Das ist das Schlimmste dabei«, sagte ich nüchtern. »Jans Schiff kann uns fast mit Gewißheit zur Kolonie zurückbringen. Aber die ›Dädalus‹ selbst kann in einem Schwerkraft-Schacht – also an der Oberfläche eines Planeten – nicht fliegen. Wenn wir unseren Auftrag abschließen wollen, müssen wir direkt zur nächsten Welt fliegen. Die ›Ilah'y'sa‹ wird uns also wieder zurückbringen müssen – oder zumindest den Virus. Er kann in kristalliner Form gespeichert und verschickt werden, so daß der Umgang damit keine Probleme aufwirft, aber das wird Zeit erfordern. Die ›New Hope‹ hat über hundert Tage für die Fahrt gebraucht. Damit die ›Ilah'y'sa‹ beide Strecken zurücklegen kann, wird man hundertachtzig Tage rechnen müssen. Sie ist langsamer, wie ich glaube, aber von West nach Ost hat sie den Wind hinter sich.«

»Hundertachtzig Tage«, wiederholte Ul'el.

»Und weitere hundert, damit ich den Virus herstellen kann«, sagte ich. »Das ist nicht einfach. Ich schaffe es vielleicht schneller, aber garantieren kann ich es nicht. Der ganze Prozeß kann nicht unter einem halben Jahr abgeschlossen werden ... und es spricht manches dafür, daß Sie Ihre Antwort erst im nächsten Frühling bekommen. Ich kann keine Wunder wirken ... oder wenn doch, dann nicht augenblicklich.«

»In dieser Zeit werden viele sterben«, sagte Ul'el.

»Es gibt nichts, was das verhindern kann«, sagte ich. »Man kann Vorsichtsmaßnahmen treffen – Sie können gegen den Überträger vorgehen, der den Erreger vermittelt, Sie können für bessere medizinische Betreuung der Leute im Süden sorgen. Es sollte möglich sein, Behandlungsmethoden zu finden, die bei den einzelnen Fällen bis zu einem gewissen Grade wirksam sind. Aber es gibt nichts, was die Epidemie in diesem Sommer zum Stillstand bringen könnte. Bis der Winter die Fliegen tötet, können Sie gegen die Seuche nur Nachhutgefechte liefern.«

»Wenn sie wirklich nicht besiegt werden kann ...«, sagte Ik'ri halb zu sich selbst. Er führte den Gedanken nicht zu Ende, aber es war leicht genug zu verstehen, was er dachte. Für ihn war das tatsächlich eine Heimsuchung Y'sas. Er wußte und begriff, was geschehen war – kannte alle Ursachen der Seuche. Aber in seiner Weltsicht blieb noch immer die Frage nach dem *Warum*. Warum gab es den Erreger überhaupt? Warum diesen sonderbaren geographischen Zufall, der zugelassen hatte, daß er nicht mehr kontrollierbar war? Warum *jetzt* und nicht ein andermal? Wir sind bereit, mit den Achseln zu zucken und die Rolle des Zufalls anzuerkennen, aber in der Weltanschauung der Or'el gab es keinen Zufall. Es gab nur Y'sa ... und seine Boten. Und natürlich seine Botschaften.

Ik'ri wollte wissen, was Y'sa ihm zu sagen versuchte, indem er das Schema der Ereignisse genau so und nicht anders gestaltet hatte. Es war kein einfaches Problem.

»Warum müssen Sie zu Ihrem Schiff zurückkehren?« fragte Ur'shere. »Warum können Sie nicht hier arbeiten?«

»Ich habe die Ausrüstung nicht.«

»Wir stellen sie für Sie her«, sagte er so, als sei das die einfachste Sache der Welt.

Ich schüttelte den Kopf.

»Das können Sie nicht. Es wird Hunderte von Jahren dauern, bis Sie Maschinen bauen können, wie sie hier erforderlich sind. Selbst unter der Anleitung von Menschen, die wissen, was und wie es geschehen muß. Wissen ist nur ein Teil des Fortschritts. Es muß Maschinen geben, die Maschinen erzeugen, um weitere Maschinen hervorzubringen, und Maschinen, um Maschinen zu bauen, um zu beschaffen, was nötig ist, um andere Maschinen zu produzieren. Der Verstand springt schnell genug von einem Problem zum anderen, aber der einschränkende Faktor ist die Hand, die auszuführen hat. Es liegt noch sehr viel Geschichte vor Ihnen. Reiche werden nicht über Nacht gebaut, wie Sie sicher wissen. Die Zeit liegt im Bau, nicht in dem Wissen, was und wie zu bauen sei.«

Ul'el sagte etwas in seiner eigenen Sprache. Ich glaube, die anderen mißbilligten diese Unhöflichkeit. Ich vermutete, daß er ungefähr gesagt hatte: »Das habe ich euch gleich gesagt.«

»Sie sind bereit, das für uns zu tun«, sagte Ik'ri langsam. »Sie sind bereit, uns zu helfen, wie der Vater der Kinder uns geholfen hat?«

»Ja«, sagte ich.

»Und sind Bedingungen mit Ihrer Hilfe verbunden?« fragte Ul'el.

Wieder schien es, als wären die beiden anderen mit ihm unzufrieden.

Ich zögerte ein wenig.

»Nicht als solche«, sagte ich. »Ich werde tun, was ich kann, um dafür zu sorgen, daß die Seuche im nächsten Jahr nicht erneut ausbricht. Darauf steht kein Preis. Ich will dafür nichts haben. Aber ich glaube, es ist notwendig – Ihnen wie der Kolonie zuliebe –, daß das die Grundlage für eine freundschaftliche Beziehung zwischen den beiden Kontinenten wird.«

Es blieb kurze Zeit still.

»Das ist nicht das, was Bernhard Verheyden wollte«, sagte Ur'shere.

»Bernhard Verheyden war im Unrecht«, sagte ich rundheraus.

Ur'shere und Ik'ri tauschten einen langen Blick. Ich sah die Ironie dabei. In gewisser Beziehung brachte ich beinahe das Gewicht meines Arguments für die Theorie ein, daß die Seuche eine Heimsuchung Y'sas gegen das Volk von Ak'lehr war, weil es Bernhard Verheyden aufgenommen hatte. Daran glaubten sie nicht – nicht auf die Art, wie die Gerüchtemacher es glaubten –, aber es war für sie eine plausible ›Erklärung‹. Es war eine akzeptable Weise, sich mit der Situation auseinanderzusetzen, nicht etwas, das man für absurd erklären konnte. Ich wußte sehr gut, daß ich mich praktisch als neuer Bote Gottes darstellte, eine etwas veränderte Version der letzten Botschaft überbringend, die sie erhalten hatten. Ich tat alles das, was Piet Verheyden befürchtet hatte – ich stellte seine Macht und die Autorität der Sendung seines Vaters zur Disposition.

Es war nicht die Rolle, die ich mir ausgesucht hätte, aber ich sah keine andere Wahl. Sie war mir aufgezwungen worden. Es schien keinen anderen Weg zu geben, mit den Or'el ins reine zu kommen. Man mußte zulassen, daß sie in ihren eigenen Begriffen über die Lage nachdachten – es wäre nutzlos und dumm gewesen, versuchen zu wollen, sie zu einer fremden Weltanschauung zu zwingen. Und wenn ich mich durch die Orthodoxen zu Ilah'y'sa erklären lassen konnte . . . dann bestand gewiß Aussicht auf die Entwicklung freundschaftlicher Beziehungen zwischen Ak'lehr und der Kolonie. Das Wort von Y'sa würde hilfreich sein, statt zu hindern.

Während ich dastand und wartete, begriff ich, daß das der einzige Weg war. Solange Bernhard Verheydens Stimme die eines Gottes gewesen war, konnte es nur wenig Hoffnung geben. Diese Stimme mußte durch eine ersetzt werden, die den Or'el eine solche Einstellung vermittelte, daß sie in der Lage waren, die Frage eines Kontakts mit der Kolonie konstruktiv und produktiv anzugehen.

Ich warf einen Blick auf Ul'el und sah, daß er zufrieden war.

Die volle Bedeutung seiner Worte bei unserer ersten Begegnung ging mir endlich auf. Das war genau das, was er wollte. Ich war sein Hebel, die Kinder Verheydens loszuwerden. Ich erkannte jetzt, daß er mich dafür aufgebaut hatte. Er hatte mir den Weg vorher gebahnt.

Ich konnte nicht umhin, mich ein wenig darüber zu ärgern, wie ich in die politischen Machenschaften innerhalb der Akademie hineingezogen worden war, aber alles schien gut zu verlaufen. Ich atmete innerlich auf, als mich die nächste Frage ganz aus dem Gleichgewicht brachte.

»Wo ist das Schiff, das Sie hergebracht hat?« fragte Ik'ri.

Nicht nur ich war überrascht. Ich konnte an einem Zucken sehen, daß das auch für Ul'el eine ganz neue Richtung war.

Ich war der Frage bisher immer ausgewichen, obwohl Jan Bescheid wußte und die Information vermutlich an seine Geschwister weitergegeben hatte.

Es gab zur Wahrheit keine vernünftige Alternative, also sprach ich sie aus: »Die Besatzung des Schiffes wurde durch ihre Erlebnisse im Wald erschreckt. Sie hat uns drei ausgesetzt und die Rückfahrt zur Kolonie angetreten.«

»Sie sind nicht zur Kolonie zurückgefahren«, sagte Ik'ri.

Ich spürte einen Kloß in meiner Kehle, als ich zu sprechen versuchte. Natürlich waren sie nicht zur Kolonie zurückgefahren. Mariel hatte alles getan, was in ihrer Macht gestanden hatte, um dafür zu sorgen, daß sie nicht zurückfahren *konnten*.

Damals war das als eine gute Idee erschienen.

»Wo sind sie?« fragte ich.

»Sie segeln nach Norden«, sagte Ik'ri. »Sie haben zwei Küstendörfer überfallen und viele Leute getötet. Sie haben Schußwaffen – die Fischer haben keine. Die Menschen kamen an Land, um Nahrung zu stehlen. Die Fischer hätten sie ihnen freiwillig gegeben, aber man fragte nicht, sondern schoß sofort.«

Ul'el gefiel diese Art von Überraschung nicht. Ich konnte sehen, daß er zornig war. Er wußte nicht, ob er auf Ik'ri zornig sein sollte, der ihm das nicht berichtet hatte, oder auf mich. Ik'ri blieb ausdruckslos. Ich hätte gern gewußt, wie zornig er innerlich war . . . und ob er vorhatte, mir die Schuld zu geben.

Innerlich verfluchte ich Ogburn erbärmlich.

»Sie sind von der Angst getrieben«, sagte ich. »Sie haben kaum Vorräte . . . aber es gibt noch einen Grund, warum sie zögern, nach Hause zu fahren. Sie haben uns ausgesetzt – für tot zurückgelassen. Sie zögerten, uns zu ermorden, aber wenn man es genau nimmt, haben sie genau das getan.« Ich atmete tief ein. »Was Sie tun müssen, ist folgendes. Das Schiff wird wieder anlegen – sie können in den Dörfern nicht viel gestohlen haben, und früher oder später müssen sie etwas Entscheidendes unternehmen. Sie müssen nach dem Schiff Ausschau halten und Soldaten in die Küstenorte schicken. Wenn es wieder anlegen will, legen Sie einen Hinterhalt. Sie haben sehr wenige Gewehre und müssen inzwischen überaus knapp an Munition sein. Mit überlegenen Kräften und starker Feuerkraft werden Ihre Leute sie aufreiben können. Das müssen Sie tun.«

Wieder blieb es still. Ik'ris Augen lösten sich nicht von meinem Gesicht. Ich hielt meine Miene starr.

Wenn es etwas gab, das die Lage verschlimmern und jede Hoffnung auf einen vernünftigen Ausgang der ganzen Geschichte zunichte machen konnte, waren es Ogburn und seine fröhliche Bande mit dem Versuch, im Reich herumzuballern. Wenn sie nur versucht hätten, heimzufahren . . . wenn nur Mariel nicht soweit gegangen wäre, sie an der Heimfahrt zu hindern . . .

Sie mußten vernichtet werden. Und ich mußte ihre Vernichtung gutheißen. Es gab keinen anderen Weg, meine Position neugewonnenen Einflusses zu halten. Wenn ich zuließ, daß ich mit Ogburn und seiner mörderischen Besatzung in eine Reihe gestellt wurde, war ich als diplomatische Kraft hier erledigt. Wenn ich in der Lage gewesen wäre, die Epidemie mit einer lässigen Handbewegung zu beenden, hätte es vielleicht anders ausgesehen . . . dann hätte ich eine wirklich machtvolle Stellung eingenommen. Aber was ich anbot, war so sehr viel weniger – nur eine Chance, die Epidemie im *nächsten* Jahr zu verhindern. Ein Wunder vielleicht . . . aber eines, das auf Treu und Glauben akzeptiert werden mußte. Sie mußten mir länger als ein halbes Jahr vertrauen, während ich ihnen an Resultaten überhaupt nichts vorlegen konnte. Wenn sie beschlossen, mir *nicht* zu trauen . . .

Diese neueste Nachricht würde das Image der Menschen in Ak'lehr gewiß nicht fördern. Wenn die Bevölkerung bereits aufgebracht war, weil man dem Glauben anhing, wir verbreiteten eine Seuche, würde die Nachricht, daß ein Piratenschiff der Menschen entlang der Küste Bewohner massakrierte, sie im Ernst erregen. Hätte Ul'el nur noch einen Tag gewartet, dann wäre er vielleicht auf einen Plan gekommen, der ihm einen viel einfacheren Weg bot, die menschlichen Berater der Kirche loszuwerden. Ich wußte – wie er –, daß Ik'ri diese Information bewußt zurückgehalten hatte.

»Und die Kolonie?« fragte Ur'shere. »Wenn ihre Meister entdecken, daß wir ihre Leute getötet und das Schiff genommen haben? Was werden sie von uns denken?«

»Nieland ist einer der Meister der Kolonie«, erwiderte ich. »Er gehörte zu denen, die ausgesetzt wurden. Die Meister der Kolonie werden wissen, daß richtig war, was Sie getan haben. Aber wenn Sie das Schiff zurückgeben . . . und vielleicht ein oder zwei Mann der Besatzung lebend gefangennehmen würden . . . könnte das nur nützlich sein.«

Ik'ri nickte.

»Die ›Ilah'y'sa‹ fährt morgen«, sagte er abschließend. Ich mußte den Rest auf Treu und Glauben nehmen. Sie legten sich nicht fest.

Aber es gab noch eine Frage, die ich stellen mußte.

»Was ist mit Piet?« fragte ich.

»Um Piet werden wir uns kümmern«, sagte Ul'el ruhig.

Ich drehte mich um und verließ den Hof, mich unter den niedrigen Ast eines der Zierbäume duckend. Ich fühlte mich nicht wie ein Mann, dem eben ein diplomatischer Coup gelungen ist. Ich fühlte mich wie ein Mann, der gerade zwei Gruppen seiner Mitmenschen verraten hat. Es war kein großer Trost, ziemlich sicher sein zu dürfen, daß Nathan stolz auf mich sein würde.

22

Für den Rest des Tages schien es sehr viel zu tun zu geben. Ich aß mit Nieland und verglich unsere getrennten Gespräche mit den Magistern. Sie hatten die Kleinigkeit der ›New Hope‹ und ihre Raubzüge an der Küste nicht erwähnt – sie hatten mehr Wert darauf gelegt, ihn über das Thema der Kolonie auszuforschen. Sie hatten aber eine Einladung an ihn ausgesprochen, in Ak'lehr zu bleiben, so lange er wollte. Ich berichtete von Ogburns Piraterie und meinem Ratschlag. Er schien nicht im mindesten betroffen zu sein. Er sagte sich wohl, daß Ogburn und die Besatzung alles verdienten, was ihnen zustieß. Seine einzige Sorge galt der Zukunft seines Schiffes. Ich versicherte ihm, daß die Or'el es bergen würden, wenn sie dazu imstande waren. Ich versuchte ihm erneut die Bedeutung seiner Rolle in Ak'lehr klarzumachen, trug aber nur zu seiner Gereiztheit bei. Er kannte sich jetzt aus.

Nach dem Essen ging ich ins Labor zurück, um Material für die Heimfahrt vorzubereiten. Ich brauchte Proben von Blutserum, von toten Parasiten und von lebenden Tieren, damit ich in der Kolonie mit frischen Erregern arbeiten konnte. Ich sprach ausführlich mit Jan und Al'ha über die Maßnahmen, die Tiere auf der langen Reise am Leben zu erhalten. Jan schien die Situation als gegeben hinzunehmen. Er hatte Piet seit meinem Gespräch mit den Magistern nicht gesehen.

Christian half mir, Vorbereitungen für die Reise zu treffen, ebenso Mariel, als sie endlich aufwachte. So hatten wir fast den ganzen Abend zu tun. Ich kam erst, als es schon lange dunkel war, in mein Zimmer zurück, um meine Sachen zu packen.

Es wunderte mich eigentlich nicht, daß jemand auf mich wartete. Ich hatte eigentlich damit gerechnet, daß Piet zur Stelle sein würde. Die einzige Überraschung war, daß es nicht Piet, sondern Anna war.

»Hallo«, sagte ich ruhig. Ich glaube, ich sprach wesentlich lauter, als nötig gewesen wäre. Sie machte eine Geste, die andeutete, ich möge leiser sein.

»Warum?« sagte ich mit Bühnengeflüster. »Wer hört zu?«

»Piet ist festgenommen worden«, sagte sie.

»Festgenommen?«

»Ik'ri ließ ihn kommen. Er war lange Zeit bei den Magistern. Als er herauskam, stand er unter Bewachung. Jetzt sind Charles und Jan geholt worden. Christian und ich werden wohl die nächsten sein.« Ihre Stimme klang leise, und sie bemühte sich, mit Fassung zu sprechen. Sie äußerte sich nicht wie jemand, der eine Mitteilung zu machen hat – mehr wie jemand, der eine Erklärung verlangt.

»Ich nehme an, Piet könnte einen Ausweisungsbefehl erhalten haben«, sagte ich, da ich es für sinnlos hielt, um den Brei herumzureden. »Ich weiß nicht – es hat nichts mit mir zu tun –, aber ich vermute, daß er heimgeschickt werden soll. In die Kolonie zurück, meine ich.«

»Das ist Ihr Werk«, sagte sie.

»Nicht so, wie Sie meinen«, sagte ich. »Wenn das allerdings meine Entscheidung wäre, würde ich wohl dasselbe tun. Unsere Ankunft hier hat nur die Ausrede geliefert . . . nicht einmal das, nur eine günstige Gelegenheit. Die Or'el brauchen Piet nicht mehr. Sie brauchen ihn schon seit Jahren nicht mehr. Und er ist nicht einmal nützlich. Nicht so nützlich wie Jan oder Charles oder Christian. Alles, was sie brauchten, war ein neuer Blickwinkel . . . ein Anlaß, sich zu befreien, was die Frage anging, wie sie das, was sie tun wollten, mit dem vereinbaren würden, was sie tun sollten. Nicht nur Ul'el, sondern auch die anderen.«

»Sollen wir alle mit der ›Ilah'y'sa‹ nach Lambda geschickt werden?« fragte sie bitter.

»Ich weiß es nicht. Nieland ist eingeladen worden, zu bleiben. Zumindest Jan wird mit dem Schiff zurückkehren. Ich glaube, auch Christian wird zurückkommen – vermutlich als derjenige, der den Plan ausführt, den ich von Lambda aus einleite. Irgend jemand wird den Virus verbreiten müssen, um die Seuche zu bekämpfen. Das brauche nicht ich zu sein. In vieler Hinsicht wäre es am besten, wenn das jemand von Ihrer Familie wäre. Aber es muß Christian sein. Er wird eine neue Definition seiner Mission hier akzeptieren. Piet würde das nie tun.«

»Christian gehört nicht zur Familie«, sagte sie ätzend. Die Galle mußte wirklich in ihr hochgestiegen sein, daß sie das aussprach. Das Gift in ihrer Stimme, das ihrem jüngsten Bruder – oder Halbbruder – galt, war so stark wie nur irgend etwas, das Piet aufgebracht hätte.

»Ich glaube, er empfindet ebenso«, gab ich scharf zurück. »Wer hat ihm die Narbe um sein Auge zugefügt?«

Sie antwortete nicht. So viele Möglichkeiten schien es nicht zu geben. Ich hätte nicht dreimal zu raten brauchen.

»Was ist mit Jan und Charles?« fragte ich. »Sie werden die Dinge hinnehmen, nicht wahr?«

Sie wollte es bestreiten – ich sah ihr an, wie sie sich mühte. Aber es ging nicht. Sie wußte nur zu gut, daß sie, wenn sie von ihrem Gespräch mit den Magistern zurückkamen, nicht unter Bewachung stehen würden. Sie würden mich nicht hochschätzen für das, was geschehen war, aber im Guten wie im Schlechten hatten sie sich bereits gegen Piet gestellt.

»Jan war ein Narr«, sagte sie. »Er hätte Sie niemals hierherbringen sollen. Und Charles . . .«

»Vielleicht war es Y'sas Wille«, sagte ich, Ironie wie Stahl in der Stimme. Ich war nicht in der Laune, sanft zu sein.

Ich sah den Zorn in ihrem Gesicht aufflammen und wieder erlöschen. Ich war verwirrt von der Art, wie er erlosch.

»Ist das wirklich so schlimm?« sagte ich ruhig. »Wollten Sie wirklich, daß das ewig so weitergeht? Wie kann der Groll Ihres Vaters gegen die Kolonie Ihnen etwas bedeuten? Selbst wenn er ihn vom Augenblick Ihrer Geburt an in Sie hineingehämmert hat . . . er mag Sie damit angesteckt haben, aber er hätte nie bewirken können, daß er Ihnen etwas *bedeutet.* In der Kolonie sind Ihre eigenen Leute. Menschliche Wesen. Sie können sich nicht ewig von der Kolonie abschließen – sie *existiert.* Sie ist *da.* Sie brauchen dort nicht zu leben, ein Teil davon zu sein, aber Sie können sie nicht aus Ihrem Dasein ausschließen. Was für ein Leben soll das sein . . . Sie und Ihre vier Brüder als kleine Enklave in einer fremden Gesellschaft? Wenn es das ist, was Sie wollen, gut – aber befassen Sie sich wenigstens mit den Alternativen. Seien Sie wenigstens bereit, den Kontakt mit anderen Menschen herzustellen. Sie *sind* ein Mensch, wissen Sie.«

Während ich das sagte, stieg der Zorn wieder in ihr hoch. Er kam zum Kochen und mäßigte sich, blieb aber – unter der Oberfläche brodelnd und siedend. Ich konnte das verstehen. Ich war der Zerstörer, der von außen gekommen war und ihre Welt auf den Kopf gestellt, sie allen Möglichkeiten geöffnet hatte, wie sie ihr außer in den müßigsten Träumen nie gekommen wären. Vielleicht *war* es so am besten – vielleicht konnte sie einsehen, daß es so sein mochte –, aber für den Augenblick war sie entfremdet, verängstigt, voll Zorn . . .

Als sie aufstand, dachte ich, sie würde mich schlagen. Aber als sie die Faust ballte, wurde der Impuls von etwas anderem bezähmt. Sie stand da, vor Anstrengung beinahe zitternd, während ihre Gefühle im Widerstreit lagen. Aus dem Konflikt entstanden Tränen – bittere Tränen.

Das Gefühl, sie alle verraten zu haben, das mich kurz erfaßt hatte, als ich aus dem Hof gegangen war, tauchte wieder auf und brachte – unvermeidlich – ein gewisses Maß an Reue mit.

Ich trat vor und legte verlegen die Arme um sie. Meine Motive waren aufrichtig, meine Absichten ganz ehrenhaft.

Als ich sie umarmte, war es, als könnte ich den Gefühlsaufruhr in ihrem Körper spüren. Mit der ersten Bewegung wollte sie mich zurückstoßen, aber das verging rasch, und ihre Arme schoben sich unter den meinen hindurch. Ihre Hände, starr wie Greifklauen, umkrallten meine Schultern, und der Druck schien quetschen und weh tun zu wollen, nur . . .

Ich begriff, daß der Aufruhr komplexer war, als ich angenommen hatte. Es gab mehr Gefühle als Zorn und Angst und Haß. Bei Gefühlsexzessen kann *jede* Emotion durchbrechen, weil alle Kontrollen und Hemmungen wegfallen. Seit ihrer Kindheit hatte Anna außer ihren Brüdern keinen Mann gesehen ...

Es war unausweichlich, daß ich reagierte.

Und da ging die Tür auf, und Piet kam herein.

Er hatte sich nicht die Mühe gemacht, zu klopfen. Er schien nicht in der Stimmung zu sein, die Forderungen der Etikette zu beachten. Er wirkte von kalter Wut gepackt. Das heißt, er war von kalter Wut etwa zwei Sekunden beherrscht, bevor der Anblick dessen, was wir taten, sich in sein Gehirn einsengte. Dann wurde sein Gesicht blutrot.

Anna riß sich von mir los mit einem Ausdruck auf dem Gesicht, der ein gewisses Maß an Schuldbewußtsein verriet, wie ich es auf dem Gesicht eines Menschen nicht für möglich gehalten hätte. Der Schock schien sie ebenso aus dem Gleichgewicht gebracht zu haben wie Piet.

Ich wünschte mir kurz, daß Mariel dabeigewesen wäre, um in ihren Gesichtern zu lesen. Aller Wahrscheinlichkeit nach würde es einen solchen Augenblick kein zweites Mal geben. Piet verriet Entsetzen, Wut und – so erschien es mir – empörte Eifersucht. Sexuelle Eifersucht.

Ob das nun so war oder nicht, jedenfalls verlor er völlig die Beherrschung. Als er hereingekommen war, hatte er wohl nicht an Mord gedacht, obwohl auch das in irgendeinem Winkel seines Gehirns gelauert haben mochte. Aber als er mich wie ein Tiger ansprang, gab es keinen Zweifel daran, daß Mord das war, was er jetzt beabsichtigte.

Er prallte gegen mich und schleuderte mich zurück. Hinter mir stand ein Tisch, auf dem ungefähr die Hälfte des Inhalts der Sanitätstasche verstreut lag, die ich vom Labor mitgebracht hatte. Ich hatte einfach alles auf den Tisch gekippt, als ich Anna vorgefunden hatte. Nun stürzte der Tisch krachend um, und alles fiel auf den Boden. Auch ich kippte mit einem gewaltigen Krachen um und stürzte auf die Schultern. Wäre ich mit dem Kopf direkt am Boden aufgeprallt, hätte ich das Bewußtsein verloren, aber so spürte ich nur einen unerträglich stechenden Schmerz und mußte mich wehren, als Piet auf mir landete und nach meiner Kehle griff. Es gelang mir, ihn zur Seite zu reißen und mich zu befreien. Mein erster Gedanke galt der Flucht, und so sprang ich über den Tisch und packte die in die Höhe ragenden Füße, um ihn als Schild zu gebrauchen.

Es war in zweifacher Beziehung ein Fehler. Zum einen war der Tisch so schwer, daß ich ihn kaum über den Boden ziehen, geschweige denn hochheben konnte, um den wutentbrannten Gegner abzuwehren. Zum zweiten lag Piet inmitten des verstreuten Inhalts der Arzttasche auf dem Boden. Skalpelle sind nicht dafür gemacht, Menschen zu töten, aber sie können überaus gefährliche Waffen sein. Als er aufsprang, hatte er eines in der Hand, und es konnte keinen Zweifel daran geben, wo er es hineinzurammen gedachte.

Ich ließ den Tisch los und wich zurück, schaute mich nach etwas um, womit ich mich verteidigen konnte. Alles, was meine tastende Hand fand, war die Tasche, in der meine Kleidung steckte. Ich hob sie hoch und hielt sie vor mich hin, um den Stoß des Skalpells mit der weichen Masse aufzufangen.

Piet griff an, und ich wich vorsichtig zurück. Wir bewegten uns beide nicht schnell. Meine Absicht bestand darin, den Kampf in die Länge zu ziehen – ihn daran zu hindern, daß er mich zerstükkelte, bis er wenigstens Gelegenheit gefunden hatte, sich zu beruhigen. Eine Wut wie die seine kann ebenso schnell ersterben, wie sie entstanden ist.

Er stieß zu, und ich hob die Tasche, um die Klinge abzufangen.

Aber ich war zu langsam.

Plötzlich war jemand zwischen uns, und als Piets Arm mit aller Kraft zustieß, die er aufbrachte, war es nicht mein kleines Bündel, das den Stoß auffing, sondern Annas Körper.

Die Klinge drang seitlich an ihrem Hals hinein und mußte die

Halsschlagader durchschnitten haben. Ihre Arme waren erhoben, die Finger gespreizt in einer Abwehrhaltung, die beinahe als Karikatur wirkte.

Er hatte sie nicht einmal gesehen.

Blut flutete aus der Wunde, spritzte über die Schulter ihres Kleids und auf Piets Handrücken. Er ließ das Skalpell los, als hätte ihn etwas gestochen, und sie brach zusammen.

Eine halbe Sekunde lang war es eine offene Frage, ob er seinen mörderischen Angriff auf mich wieder aufnehmen oder sich der Trauer ergeben würde, die seine Wut zu verdrängen versuchte. Aber er war ein geschlagener Mann, und das schon lange, bevor er ins Zimmer gekommen war. Er brach in die Knie und beugte sich über Anna. Ihre Augen standen offen, und ihre Lider zuckten einmal kurz. Aber sie konnte nichts sagen oder auch nur den Ausdruck grenzenlosen Entsetzens auf ihrem Gesicht verändern.

Sie starb, ihr Blut auf dem ganzen Boden verspritzend.

Jemand kreischte. Nicht Anna, die keinen Laut von sich gegeben hatte, aber Mariel, die hereingekommen war, um festzustellen, woher der Lärm kam.

Dann erschien Nieland. Bald danach gab es ein Gedränge. Ich weiß nicht, wie der Tod so schnell so viele Leute anzuziehen vermag, aber so scheint es immer zu sein.

Ich warf angeekelt die Tasche auf das Bett. Mariel klammerte sich mit geschlossenen Augen an Christian. Jan schloß die Tür.

»Warum hat man ihn freigelassen?« flüsterte ich.

»Er hat sich mit der Situation abgefunden«, sagte Jan. »Er hat gebeten, ihn freizulassen, damit er sich auf die Reise vorbereiten konnte. Niemand dachte . . .«

»Nein«, sagte ich und blickte auf die regungslose Gestalt Piets hinunter, »das dachte wohl keiner.«

23

Piet wurde mit dem Wagen zum Kai flußabwärts von Ak'lehr gebracht, wo die ›Ilah'y'sa‹ ankerte. Annas Leiche begleitete ihn, um im Meer bestattet zu werden. Jan und Charles kümmerten sich um das Ganze und ließen Christian zurück.

Wir drei versammelten uns in Mariels Zimmer, vor allem deshalb, um dem Blutgeruch zu entkommen. Ich gab das Packen auf, während Christian mir einen starken Drink besorgte.

Er schien seltsamerweise von den Geschehnissen vergleichsweise unberührt zu sein.

»Wir sollen alle morgen mit dem Schiff abfahren«, sagte er. »Wir machen uns früh auf den Weg – gleich nach dem Morgengrauen. Nur Ihr Freund Nieland wird hierbleiben. Diejenigen von uns, die das wollen, dürfen mit der ›Ilah'y'sa‹ zurückkehren. Bis zum nächsten Frühling wird alles vergessen sein, und sobald die Krankheit wieder ausbricht, werden wir zur Stelle sein, um sie zu bezwingen. Ein kleines Wunder, leicht inszeniert. Inzwischen wird es den Anschein haben, daß die Magister in Übereinstimmung mit der Volksmeinung gehandelt haben, ohne je gezwungen zu sein, offiziell etwas zu verlautbaren.«

»Sie wissen, daß Sie auf jeden Fall von hier hätten fortgehen müssen«, sagte ich. »Früher oder später. Ul'el hätte sich durchgesetzt. So ist es besser. Für alle.«

»Das weiß ich«, sagte er.

»Sie sind froh«, sagte Mariel. »Von Ihnen allen sind Sie der einzige, der sich darüber freut, daß alles so gekommen ist.«

»Was meinen Sie?« sagte Christian mit einem schneidenden Unterton.

Sie ließ sich nicht beirren.

»Sie müssen sehr einsam gewesen sein«, sagte sie.

Christian hob ein wenig die Schultern und wandte sich ab.

»Bernhard Verheyden hat meinen Vater getötet«, sagte er mit bewußter Beiläufigkeit. »Als er erfuhr, daß ich nicht sein Sohn war. Piet hat einmal versucht, mich umzubringen. Die anderen ... sie wußten stets, daß ich anders war, aber sie wußten nicht, wie sie sich verhalten sollten. Sie *wußten* es einfach nicht. Ich versuchte einer von ihnen zu sein. Ich habe mir immer Mühe gegeben. Aber es gab nie eine Chance. Ich bin auf irgendeine Weise immer ausgeschlossen gewesen.«

»Sie werden zurückkommen?« fragte ich besorgt. »Jemand muß den Virus zurückbringen. Ich möchte, daß Sie das sind.«

»Ich komme zurück«, sagte er leise. »Nicht als Bernhard Verheydens Sohn. Als Ilah'y'sa. Aus eigenem Recht. Als ich selbst. Jan und Charles ... sie haben eigentlich kein Ich. Weil sie Bernhard Verheydens Söhne *sind*. Und Piet – vor allem Piet.«

Ich nickte, nicht um vorzutäuschen, daß ich zustimmte oder begriff, sondern einfach seine Absichtserklärung akzeptierend.

»Wir haben nichts gelöst«, sagte Mariel. Sie sprach mit mir, auf etwas reagierend, das sie in meinen Gedanken aufgefangen hatte.

»Was meinen Sie?« fragte ich.

»Sie akzeptieren das alles, als hätten wir etwas erreicht«, sagte sie. »Aber das ist nicht der Fall. Wir haben an der Situation überhaupt nichts geändert. Wir sind einer Brücke zwischen den Or'el und der Kolonie nicht näher als vorher.«

»Christian kommt zurück«, sagte ich. »Nieland ist noch hier. Endlich wird es eine zweimalige Überquerung des Ozeans geben. Das ist alles etwas wert. Es zählt alles.«

»Wofür? Können Sie ehrlich behaupten, daß das, was hier geschehen ist, die Geschichte dieser Welt in irgendeiner Weise meßbar beeinflussen wird?«

»Das könnte man nie mit Gewißheit sagen«, erwiderte ich. »Nicht einmal, wenn wir diese Welt über die nächsten tausend Jahre im Blick behalten könnten. Aber was hier geschehen ist, hätte schlimmer sein können. Und es wäre schlimmer gewesen, wenn wir nicht gerade zu diesem Zeitpunkt an der Schwelle abgesetzt worden wären. Wir sind genau im richtigen Augenblick gekommen. Ein kleines Wunder in mehr als einer Beziehung. Vielleicht wird es sich als unnötiges Wunder erweisen. Vielleicht als ein nutzloses. Aber leugnen Sie es nicht ab. Ich sage nicht, daß wir hier etwas erreicht haben – wir haben getan, was hier für uns zu tun war. Aber wir haben es getan.«

»Und mit Nathan, der das für uns formuliert, können wir uns als Kapazitäten ausgeben?«

Ich beachtete diese Bemerkung nicht und versuchte herauszubekommen, was sie in Wahrheit bedrückte.

»Wollen Sie hierbleiben?« fragte ich. »Bei Nieland?«

Sie schüttelte den Kopf.

»Hier ist nicht wirklich eine Aufgabe zu bewältigen«, sagte sie. »Nicht mehr. Alles ist schon in die Wege geleitet.«

Sie hatte auf irgendeine seltsame Weise das Gefühl, betrogen worden zu sein. Es war alles zu schnell gegangen. Es war alles rings um sie geschehen. Es war ganz und gar nicht so gewesen, wie sie es sich vorgestellt hatte. Sie hatte sich verzweifelt nach einer Gelegenheit gesehnt, eine Kraft zu gebrauchen, die sie zu verlieren fürchtete. Als die ›New Hope‹ die Küste erreicht hatte, schien ihr die Gelegenheit geraubt worden zu sein. Als die Urwaldbewohner uns fanden, hatte es so ausgesehen, als wäre sie ihr wiedergegeben worden. Und nun . . . Die Dinge hatten sich weit über die schlichte Frage hinaus entwickelt, eine Verständigung zu beginnen und Verständnis zu lernen. Alles in allem hatte der Zufall uns gute Dienste geleistet. Aber von ihrem persönlichen Standpunkt aus . . . es war durchaus kein Sieg.

»Welten zu retten, ist keine einfache Sache«, erklärte ich ihr. »Manchmal gibt es ein einzelnes Problem und eine einzelne Antwort. Aber selbst wenn es so einfach aussieht, steht viel mehr dahinter. Nichts ist garantiert. Niemand hat Ihnen eine Reihe ritueller Anlässe mit rituellen Antworten garantiert. Sie können nicht erwarten, daß alles nach einem feststehenden Drehbuch abläuft. Wir finden, was wir finden, und machen das Beste daraus. Sie haben von den Or'el viel gesehen. Sie werden noch viel mehr sehen. Es gibt viel, was Sie lernen können, und alles wird nützlich sein. Seien Sie nicht entmutigt, weil das alles nicht Ihren vorgefaßten Meinungen darüber entspricht, was hätte geschehen sollen. So geht es auf der Welt nicht zu.«

Christian wußte überhaupt nicht, wovon wir sprachen. Sie hatte Mitleid mit ihm und ließ mich das Thema wechseln. Ich war sicher, daß sie es mit der Zeit einsehen würde. Im Augenblick sah alles ganz verpfuscht aus.

»Die Or'el werden die Seuche in diesem Jahr beherrschen können«, sagte ich zu Christian. »Mit dem, was wir darüber herausfinden konnten. Die Magister werden Widerstand leisten können.«

Christian lachte humorlos und trocken.

»Das werden sie«, sagte er. »Ich kenne sie. Wissen Sie, was sie tun werden?«

»Wenn sie einen Funken Verstand haben, werden sie die Straßen schließen«, sagte ich.

»Das werden sie tun«, erwiderte Christian. »Und sie werden alle Herden bis auf das letzte Tier im Ansteckungsbereich töten. Das wird den Herd der Ansteckung nicht ganz beseitigen – zu viele Leute haben die Krankheit aufgeschnappt, und der Überträger kann sie von Person zu Person übermitteln. Aber es wird helfen. Und es ist eine gute Ausrede. Ihr Wohlwollen gilt den Bauern, wissen Sie. In dieser Region hat es stets Schwierigkeiten zwischen den nachdrängenden Bauern und den ansässigen Nomaden gegeben. Das ist eine Ausrede für ein Genozid . . . während die Fassade absoluter Güte der Kirche gewahrt bleibt.«

Er sagte das alles ganz ausdruckslos, ohne einen Unterton moralischer Mißbilligung. Ich nahm es ebenso auf. Es war logisch. Ich hätte es selbst sehen müssen, wenn ich nur gründlich nachgedacht hätte.

»Es wird Kämpfe geben«, sagte ich.

»Die Nomaden sterben ohnehin an der Seuche«, sagte er.

Ein anderer Satz tauchte in meiner Erinnerung auf: *›Sie sind nur Urwaldwilde.‹*

Es hatte keinen Sinn, sich darüber den Kopf zu zerbrechen. Es hatte nicht einmal Sinn, sich zu entsetzen. Attica war eine grausame Welt.

Wie alle anderen.

Mariel hatte schon gesagt, daß wir nicht wirklich etwas *gelöst* hatten. Manchmal gibt es keine reinlichen Lösungen. Man muß einfach tun, was die Situation zuläßt.

»Wir sollten uns lieber beeilen«, sagte ich. »Wir haben noch viel zu packen.«

24

Wenn unsere erste Seereise auf Attica eine unbequeme gewesen war, so verfügte die zweite über alle Ansätze zu einem Alptraum. Piet begann die Fahrt eingesperrt in seiner Kabine, und das war der Zustand, wie zumindest ich ihn erhalten wollte. An Bord der ›Ilah'y'sa‹ zählte meine Stimme jedoch nicht viel. Zumindest hier behielten die Verheydens ihre Macht. Am Abend zuvor hatten Jan und Charles schnell genug auf die Situation reagiert, die sie in meinem Zimmer vorgefunden hatten. Sie hatten keine Fragen gestellt. Aber es brauchte nur Zeit, bis die Fragen an die Oberfläche kamen, und sie wollten Antworten hören. Piet erzählte ihnen gar nichts – also blieb alles an mir hängen.

Die Sache spitzte sich zu, als wir uns alle (Piet ausgenommen) zu einem späten Frühstück setzten und so zum erstenmal beieinander waren. Ich hatte zu keiner Zeit an der Spitze der lokalen Beliebtheitsskala gestanden, und sowohl Jan als auch Charles bedauerten inzwischen ernsthaft, meine Bekanntschaft gemacht zu haben. Sie argwöhnten, daß ich, was immer am Abend zuvor geschehen sein mochte, mehr als zur Hälfte dafür verantwortlich war.

Es war Jan, die Führung übernehmend, weil er Herr auf seinem eigenen Schiff war, der mich fragte, was vorgefallen sei. Ich hatte mir bereits überlegt, wie ich auf eine solche Frage antworten sollte, war aber mit der Auswahl einer idealen – oder auch nur akzeptablen – Antwort noch nicht sehr weit gekommen.

»Als Piet freigelassen wurde, muß er sofort zu meinem Zimmer gegangen sein«, sagte ich. »Ich glaube nicht, daß er mit der Absicht erschien, einen Mord zu begehen – eher wohl, um Dampf abzulassen. Davon hatte ich schon etwas erlebt, nachdem ich bei Ul'el gewesen war. Er wartete bei dieser Gelegenheit darauf, daß ich drohende Töne ausstieß. Aber als er Anna sah . . .«

»Warten Sie!« unterbrach mich Jan. »Was hatte Anna dort zu suchen?«

»Sie kam aus demselben Grund«, sagte ich. »Um anzuschuldigen, zu beleidigen . . . mir einfach für das, was ich angeblich getan hatte, etwas heimzuzahlen.«

»Angeblich?« sagte Charles, aber es klang nicht übermäßig ätzend.

»Sie war erregt«, sagte ich, bemüht, den Bericht ein wenig zu zensieren – mehr (so versicherte ich mir selbst) ihnen als mir zuliebe. »Ich versuchte sie zu beruhigen. Sie weinte. Ich war bemüht, sie zu beschwichtigen. Als Piet die Tür öffnete und uns sah, zog er sofort die falsche Schlußfolgerung. Er verlor einfach den Verstand. Er stürzte sich auf mich und ergriff irgendwann das Skalpell. Anna versuchte ihn aufzuhalten und zur Vernunft zu bringen. Aber er stach einfach blindlings zu. Er wußte nicht, was er tat. Bis er sie getötet hatte. Und als er *begriff*, was er getan hatte . . . das andere wissen Sie.«

An der Art, wie Jan mich ansah, konnte ich erkennen, daß er mich zwar nicht für einen ausgesprochenen Lügner hielt, aber auch nicht bereit war, mir ganz zu glauben.

»Er hat versucht, Sie zu töten?« fragte er.

»Ja.«

»Und sie versuchte ihn aufzuhalten?«

»Ja.«

»Anna ist meine Schwester«, sagte er. »*War* meine Schwester. Sie und Piet . . . nun, mir scheint, wenn Piet Sie hätte töten wollen, wäre sie ihm wohl eher behilflich gewesen, als ihn aufzuhalten.«

»Das ist eine Gemeinheit!« sagte Christian.

Jan funkelte ihn böse an.

»Weshalb sollte Anna ihr Leben für ihn aufs Spiel setzen?« sagte er. »Siehst du Anna *so*?«

»In der Hitze des Gefechts ...«, sagte Christian defensiv.

»Warum sonst sollte Piet sie töten?« warf Mariel ein. Die Frage schnitt durch den aufkeimenden Familienstreit wie ein Messer und stellte die Grundlagen von Jans Argwohn in Zweifel.

Er hatte keine Antwort. Zumindest wollte er nicht behaupten, daß Piet es vielleicht gar nicht getan hatte.

»Hören Sie«, sagte ich, »mir ist selbst miserabel zumute. Sie ist, wenn man es so ausdrücken will, an meiner Stelle ums Leben gekommen. Ich glaube nicht, daß ich ihr auf die eine oder andere Weise wichtig war. Es war Piet, an den sie dachte. Aber sie hat es trotzdem mit ihrem Leben bezahlt und mir das meine möglicherweise dadurch gerettet. Was glauben Sie, wie *mir* zumute ist? Daß ich mich freue? Daß ich dankbar bin? Es schmerzt, Herrgott noch mal ... es schmerzt tief. Und daraus wollen Sie einen Familienstreit machen? Wozu denn nur? Was für Menschen *sind* Sie eigentlich?«

Jans Augen flammten zornig auf – es war derselbe Jähzorn, mit dem seine ganze Familie geschlagen zu sein schien. Aber er tarnte ihn schnell. Die lange Übung, ein jüngerer Bruder zu sein, ist die ideale Trainerin für Selbstbeherrschung. Sie mag die Aggression nicht dämpfen, aber die Aktion wird wirksam genug kurzgeschlossen.

»Für die Or'el mögen Sie ein Bote von Y'sa sein«, sagte Jan langsam. »Aber was sind Sie für uns? In wenigen kurzen Tagen ... Wieviel steht noch bevor? Können Sie uns alle vernichten, bevor wir Lambda erreichen? Wird je einer von uns Ak'lehr wiedersehen? Haben Sie für die ganze Familie Plätze in der Hölle vorbestellt? Sagen Sie es uns bitte ...«

»Jan«, sagte Christian leise. »Du redest wie ein Wahnsinniger.«

»Wie Piet?« sagte Jan, die Stimme rauh von unterdrücktem Schmerz.

»Piet wird sich erholen«, sagte Christian.

»Erholen!« rief Charles. »Wie, in Y'sas Namen, kann er sich je erholen? Er hat alles verloren, was er hatte, Anna eingeschlossen, der er in einem Augenblick blinden Zorns die Kehle durchgeschnitten hat. Wie kann er je wieder normal werden? Er ist jetzt eingesperrt . . . müssen wir ihn für immer so festhalten, nur um den da davor zu bewahren, daß er ermordet wird?«

Seine Handbewegung galt natürlich mir, aber auch jetzt setzte sich mein Temperament gegen mein Gefühl für Diplomatie durch.

»Wäre es nicht reine Verschwendung«, fauchte ich, »wenn Anna ums Leben gekommen ist, um zu verhindern, daß Piet mich umbringt, und er dann hergeht und es doch tut?«

»Sie haben Anna umgebracht«, sagte Jan tonlos. »Durch Ihr Auftauchen hier. Durch Ihre Entschlossenheit, sich einzumischen. Sie waren der Anlaß für seine Wut.«

»Er war der Anlaß für seine eigene Wut!« fuhr ich ihn an. »Seine fiebrige Phantasie! Er hielt sich für einen Diktator, als er schon längst jede reale Macht verloren hatte. Er hielt sich für verletzt, als alles, was geschah, unvermeidlich war. Er sah Anna und mich zusammen, und aus seinem Gehirn strömte eine Flut von irren Gedanken. Was *ich* getan habe, war, eine Krise zu beschleunigen, die seit Jahren bevorstand. Was ich getan habe, war, etwas zu liefern, was die Kolonie und das Reich zu einer Beziehung führen könnte, die wenigstens die Aussicht auf friedliche Koexistenz in sich birgt. Sie sind im Mikrokosmos Ihrer Familie so gefangen, daß Sie die wahren Streitfragen hier gar nicht wahrnehmen. Ohne meine Ankunft, meine Chance, die Seuche zu besiegen, bevor sie im nächsten Jahr wieder ausbricht und die südlichen Gegenden des Reiches verwüstet – was für eine Zukunft, glauben Sie, hätte diese Welt haben können? Piets Politik lief direkt auf eine Konfrontation mit der Kolonie und schließlich auf einen Krieg zu. Es ist Ihre Sache – die Sache von Ihnen allen –, zu tun, was Anna getan hat, und ihn aufzuhalten zu versuchen, ungeschehen zu machen, was er getan hat. Sie müssen sich von der beschränkten Denkweise lösen, die Ihr Vater Ihnen hinterlassen hat, und anfangen, über die anderen nachzudenken, ob Menschen oder Or'el. Wenn Sie im Lauf des nächsten halben Jahres keine andere Denkweise finden, bringen Sie in das Reich genau dieselbe Saat der Zerstörung zurück, die wir hier an Bord in einer Kabine eingesperrt haben. Können Sie nicht für eine Minute Ihre Scheuklappen ablegen und begreifen, wie wichtig es ist, diesen Virus nach Ak'lehr zurückzubringen und die Gelegenheit zu nutzen, die er bietet, um ganz von vorne anzufangen? Sie können immer noch Ilah'y'sa sein, wenn Sie dieses Spiel weiterspielen wollen, aber *die Botschaft muß eine andere sein.*«

Die bloße Vehemenz der Scheltrede machte sie ein wenig hilflos. Nur Christian fand Worte, und was er sagte, war: »Er hat recht.«

Meine Rede war kein Meisterstück an Takt gewesen. Diese kurze Bemerkung jedoch war es, so dankbar ich auch sein mochte, sie zu hören, die dem Streit ein Ende machte. Sie beendete ihn, weil sie eine gewohnte Reaktion hervorrief – eine, die ich schon bei Piet und Anna erlebt hatte. Es war eine Formel, die es Jan erlaubte, alles, was ich gesagt hatte, ohne weitere Überlegung abzutun. Er fuhr zu Christian herum und sagte: »Das sieht dir ähnlich!«

Jedesmal, wenn es um die Entscheidung ging, hatten die Söhne Bernhard Verheydens das parat: die Anklage des Verrats, gezielt auf den Bruder, der *nicht* ihres Vaters Sohn war.

Christian sprang auf, kampfbereit. Jan war noch entschlossener. Charles stand ebenfalls auf, und ich erfuhr nie, ob er das Vernünftige tun und sie trennen oder sich an der allgemeinen Schlägerei beteiligen wollte.

Ich erfuhr es deshalb nie, weil plötzlich heftig an die Tür geklopft wurde. Man riß sie auf, ohne eine Antwort abzuwarten.

Al'has zottiger Kopf erschien, und er sagte: »'s 'n 'hiff! Wi' we'n an'griff'n!«

Noch während er das sagte, hörte ich den dumpfen Knall eines Gewehrschusses.

»O Gott!« stöhnte ich. »Das ist die verdammte ›New Hope‹. Dieser Volltrottel von Ogburn versucht uns zu kapern!«

25

Wir blieben in der Luke stehen, die auf das Deck hinausging. Es waren keine weiteren Schüsse gefallen, aber niemand drängte sich danach, hinauszustürzen und sich zur Zielscheibe zu machen. Ich konnte die Spitzen der Masten der ›New Hope‹ auf Backbord sehen, und obwohl sie nah zu sein schien, vermutete ich sie doch außer Reichweite. Die ›Ilah'y'sa‹ war im Begriff, nach Steuerbord wegzuscheren.

Al'ha ging als erster hinauf, geduckt zur Brücke huschend. Jan folgte ihm, dann wir anderen der Reihe nach. Ich erwartete, daß Mariel unten bleiben würde, aber als ich Deckung gefunden hatte und mich umdrehte, war sie hinter mir. Wir waren im Ruderhaus zusammengedrängt, und es war reichlich eng. Al'ha übernahm das Ruder und befahl dem Or'el dort, sich zu ducken.

Die ›New Hope‹ wendete, um uns zu verfolgen.

»Was denkt er sich?« murmelte ich. »Zuerst überfällt er Küstendörfer, jetzt Schiffe auf See. Wir können erst ein paar Meilen von der Küste entfernt sein, mitten im Reich.«

»Er weiß nicht, daß es ein Reich gibt«, erinnerte mich Mariel. »Ich habe ihn immer für einen verhinderten Piraten gehalten.«

»Rufen Sie ihn an«, sagte Jan zu mir. »Sagen Sie ihm, wer wir sind. Vielleicht überlegt er es sich anders.«

»Ausgeschlossen«, sagte ich für mich. Laut sagte ich: »Es ist vielleicht besser, wenn er das von Ihnen hört. Wenn er mich oder Mariel sieht, werden ihm frühere Schandtaten einfallen.«

Jan nickte. Er trat aus dem Ruderhaus, sprang auf das Dach und hielt sich am Großmast fest.

»He!« dröhnte seine Stimme hinaus. »Nicht schießen!«

Er mußte deutlich sichtbar gewesen sein. Er war ebenso unverkennbar ein Mensch. Für Ogburn und seine Besatzung mußte er eine nicht geringe Überraschung gewesen sein. Die ›New Hope‹ war ein größeres, schnelleres Schiff, und es gelang ihr, fast auf gleicher Höhe zu bleiben, wenn auch an die dreißig Grad dahinter, und ich konnte zwei Männer in der Takelage sehen, die auf uns herabblickten. Ich blieb in der Hocke und sorgte dafür, daß man mich nicht erkennen konnte.

Es gab eine lange Pause, während Ogburn die neue Entwicklung mit seinen Offizieren besprach.

»Was für Waffen haben wir an Bord?« fragte ich Al'ha.

Er zuckte die Achseln.

»Armb'üste.«

»Viele Gewehre können sie nicht haben«, meinte ich nachdenklich. »Und kaum noch Munition, wenn sie in den Küstendörfern herumgeballert haben. Viele Messer und dergleichen – und mein Narkosegewehr. Aber wenn man den Vorteil bedenkt, den unsere Besatzung beim Kampf von Mann zu Mann hat, können wir wohl . . .« Dann kam mir ein schlimmer Gedanke. »Sie haben den Inhalt der Waffenkammer über Bord geworfen?« fragte ich Mariel.

»Das meiste«, bestätigte sie. »Aber an Land war mindestens ein halbes Dutzend Gewehre mit Munition.«

»Und dann sind Sie in den Laderaum gegangen?«

»Richtig.«

»Sie haben nicht zufällig die Kiste mit dem Dynamit mitgenommen?«

»Oh!« sagte sie. »Nein. Nein, das habe ich nicht.«

»Dann sollten wir lieber beten, daß sie kein Katapult aufgebaut haben«, sagte ich. Es sollte ein Witz sein, so schwach er auch war. Alles, was sie in Wirklichkeit brauchten, war ein Mann, der einen Gegenstand von zweihundert Gramm sechzig, siebzig Meter weit werfen konnte. Nicht so schwer.

Die ›New Hope‹ schob sich näher heran. Jan stand immer noch auf dem Dach und wartete auf eine Antwort. Sie kam in Form eines lauten Knalls und eines kleinen Pfeiles, der die Reling traf.

Er verfehlte Jan um acht Meter, aber was zählte, war die Absicht. Ich entschied, daß es keinen Zweck hatte, sich noch länger etwas vorzumachen, und schwang mich aus dem Ruderhaus hinauf aufs Dach zu Jan.

»Ogburn!« schrie ich, noch kniend und bemüht, den Mast möglichst zwischen mir und der ›New Hope‹ zu halten. »Was denken Sie sich eigentlich?«

Ogburn war nie ein gesprächiger Mensch gewesen. Der nächste Pfeil traf das Ruderhaus, nur einen halben Meter von meiner Hand entfernt.

Ich sprang auf Deck, gefolgt von Jan. Er schrie in der Ak'lehr-Sprache eine Reihe von Befehlen, und Al'ha drehte das Ruder, um uns von der ›New Hope‹ fortzusteuern. Jemand ging hinunter, vermutlich um unsere Verteidigung zu organisieren, soweit eine solche möglich war.

»Überhaupt keine Schußwaffen?« sagte ich zu Jan.

»Die Armee hat den ersten Anspruch auf Feuerwaffen«, sagte er trocken. »Die ganze Produktion geht aus der Fabrik ans Militär. Es ist eine große Armee, und sie hat viel zu tun.«

»Warum greift er uns an?« fragte Charles aus dem Schatten des Ruderhauses.

»Weil er Angst hat«, erwiderte ich. »Er ist dahintergekommen, daß das Reich größer ist als er, obwohl er keine Ahnung hat, *wie* groß. Er will nach Hause. Ich vermute, daß er keine Überfälle mehr auf die Küste zu unternehmen wagt und statt dessen die Schiffe plündern will, die ihm begegnen. Die Tatsache, daß Menschen an Bord sind, ändert an seinen Plänen nichts. Er muß ziemlich verzweifelt sein.«

»Wenn es zu einem Kampf kommt, können wir gewinnen«, sagte Jan.

»Es *ist* ein Kampf«, versicherte ich ihm. »Aber wir werden gegen die Regeln kämpfen müssen, um ihn daran zu hindern, den Sprengstoff zu gebrauchen. Wir werden die Kapitulation anbieten müssen. Ihm unsere Vorräte anbieten – sobald er weiß, daß wir für eine Ozeanüberquerung ausgerüstet sind, wird er verhandeln müssen. Das ist seine beste Aussicht, nach Hause zu kommen. Er wird es nicht ernst meinen, wir meinen es nicht ernst . . . aber wir können beide lange genug so tun, um uns in eine bessere Lage zu bringen. Ihre Leute sollen sich bereitmachen, Jan. Das Wort führe ich.«

Die ganze Zeit über nahm uns die ›New Hope‹ den Wind weg. Sie war nur vierzig, fünfundvierzig Meter von uns entfernt, allerdings jetzt fast genau hinter uns in unserem Kielwasser schwankend. Jederzeit konnte sie auf die Seite ausweichen und uns wieder einholen, aber Al'ha drehte uns, solange er konnte. Ohne den Wind ganz zu verlieren und uns als Zielscheibe aufzubauen, konnten wir aber nur bis zu einem gewissen Punkt gehen. Wir hatten nur Minuten – die anderen besaßen das bessere Schiff und waren vermutlich die besseren Seeleute.

Ich schob mich zum Heck, um besser zur ›New Hope‹ hinüberrufen zu können. Niemand folgte mir.

»Ogburn!« schrie ich. »Feuer einstellen. Wir sind unbewaffnet. Wenn Sie uns versenken, verlieren Sie Ihre Vorräte. Wir haben alle Ihre Instrumente und Güter für eine Reise nach Lambda. Sie können alles haben, wenn Sie uns ungeschoren zur Flußmündung zurückkehren lassen.«

Das klang nach einem vernünftigen Vorschlag von seiten eines unbewaffneten Narren. Ogburn würde uns auf jeden Fall umbringen, aber wenn er glaubte, wir wären ihm ausgeliefert, mochte er sich einbilden, wir wären dumm oder verzweifelt genug, zu versuchen, uns loszukaufen. Die Aussicht, Nielands Instrumente und unsere ganze Nahrung in die Hände zu bekommen – von seiner Kompaßnadel ganz zu schweigen –, mußte ihm den Mund wirklich wäßrig gemacht haben.

»Dann dreht bei!« kam die Antwort. »Wir tun euch nichts. Schafft die Vorräte und die Instrumente in eure Boote. Wir nehmen sie an Bord. Dann könnt ihr zurückfahren.«

Ich drückte meine wahren Gefühle über diese Erklärung mit nachdrücklichem Abscheu aus, aber stumm. Ich schrie sofortiges Einverständnis hinüber.

Jan schrie wieder Befehle, und wir drehten nach Backbord bei, so daß die ›New Hope‹ wieder breitseits herankam. Lange Minuten vergingen, während sie sich in die Position manövrierten, die sie haben wollten. Sie kamen nicht viel näher als vorher. Sie gingen kein Risiko ein. Zwischen den beiden Schiffen betrug der Abstand aber keine fünfzig Meter. Und wir trieben unauffällig näher heran.

»Los!« brüllte der Mann in der Takelage der ›New Hope‹. »Fangt an, eure Boote zu beladen! Los, oder wir fangen an zu schießen!«

Ich trat zurück und stellte mich neben Jan. Wir gingen beide nicht in Deckung, so, als hätten wir uns mit den Dingen abgefunden. Auf dem Deck waren mehrere Or'el versteckt, die Armbrüste schußbereit. Wir konnten sie nicht bis zu den Schiffswänden vorschicken oder auch nur an Plätze, wo sie mit der erforderlichen Schnelligkeit eingreifen konnten. Sie waren einfach zu groß.

»Ganz langsam«, sagte ich. »Zoll um Zoll.«

»Al'ha weiß, was er tut«, erwiderte er.

Er bellte weitere Befehle, und zwei Matrosen kamen mit Kisten und Truhen aus dem Laderaum. Sie stellten sie auffällig in das Boot an Backbord – der ›New Hope‹ gegenüber. Jan und ich gingen mit ihnen hinunter, und Charles und Christian folgten uns. Zu sechst würde es nicht lange dauern, das Boot zu beladen, aber es würde mindestens dreimal fahren müssen, um alles zum anderen Schiff zu befördern. Es war kein großes Boot.

Als ich meine zweite Ladung heraufbrachte, konnte ich sehen, daß der Abstand zwischen den beiden Schiffen merklich geschrumpft war. Und nun kauerte ein Or'el, schon einen Bolzen auf der Armbrust, hinter dem Boot. Als wir die großen Packen heraufbrachten, boten wir Tarnung für zwei weitere Schützen, sich zu ihm zu gesellen.

»Nehmt das andere Boot!« schrie der Mann, der Ogburns Befehle weitergab. Er war jetzt gefährlich nah – er stand nur ein paar Meter hoch in der Takelage, aber bald würde er zuviel sehen können, wenn er auf und über das Deck der ›Ilah'y'sa‹ blicken konnte. Als ich wieder hinunterging, nahm ich Mariel mit.

»Macht euch bereit«, sagte ich zu Jan, als ich unter der Luke stehenblieb.

Jan schaute über den Rand hinaus und schätzte die Entfernung zum anderen Schiff ab. Er rief Al'ha mit ganz normaler Stimme etwas zu, da er wußte, daß die Besatzung der ›New Hope‹ kein Wort verstehen konnte.

Dann griff er nach einem großen Packen und ging langsam zum Boot hinaus.

Al'ha drehte das Ruder, und wir fuhren auf Rammkurs schnurstracks auf die ›New Hope‹ zu.

Sie eröffneten das Feuer.

Ich behielt den Kopf unten und wartete die langen, langen Sekunden ab. Jeden Augenblick mochte es einen Knall geben, der laut genug war, um Zerstörung zu bedeuten. Aber es kam keiner. Sie waren zu selbstsicher gewesen. Kugeln und Pfeile trafen das Holz des Decks und des Ruderhauses, richteten aber keinerlei Schaden an. Bolzen flogen in die andere Richtung, und der Mann in der Takelage stürzte schreiend herab.

Die Zeit schien sich ewig hinzuschleppen, während wir durch das leere Wasser fuhren. Und dann gab es ein erschreckendes Knirschen, als die beiden Schiffe zusammenprallten. Jan sprang, wie ein Wahnsinniger heulend, hinter dem beladenen Boot hoch und führte seine Leute über die Bordwand. Unsere Männer kamen von überall, feuerten im Laufen und kämpften um die Gelegenheit, das feindliche Schiff zu entern. Ich weiß nicht, wieviele hinübergelangten, bevor die Schiffe wieder auseinanderglitten, aber es müssen mindestens sieben gewesen sein, und einer, der es nicht schaffte, landete im Wasser und begann durch den lockeren Tang zu schwimmen, um an der ›New Hope‹ emporzuklettern.

Charles und Christian begannen mit drei weiteren Or'el das Boot herabzulassen und schleuderten währenddessen Ballen und Kisten hinaus. Sie arbeiteten so wild, daß sie es in der halben Minute, bevor es zu tief hing, als daß man noch etwas an Deck werfen konnte, fast entladen hatten. Es klatschte heftig ins Wasser, und sie waren unterwegs, um in den Kampf einzugreifen.

Ich wußte, daß die Verstärkung dringend gebraucht wurde, obwohl man nicht sagen konnte, wie der Kampf an Deck der ›New Hope‹ stand. Das Ganze war ein Chaos. Schüsse mischten sich mit Rufen und Schmerzensschreien.

Als das Boot zum zweitenmal wendete, um seine Fahrt anzutreten, sprang noch ein Or'el über Bord, um mitzufahren. Dann tauchte eine zweite Gestalt neben mir auf und folgte ihm ohne Zögern. Es war Piet, offenbar so wild entschlossen, sich in den Kampf zu stürzen, wie alle anderen. Ich sah, wie Charles ihn aus dem Wasser in das schwankende Boot zerrte, das sich drehte und kippte, bevor es der ›New Hope‹ zustrebte, zu der unser Abstand sich jetzt wieder vergrößerte.

Ich trat zurück in den Schutz des Ruderhauses, wo sich nur noch Al'ha aufhielt. Er sah mich mit unergründlichen Augen an. Ich konnte nicht sagen, ob er mißbilligte, daß ich mich am Kampf nicht beteiligte. Ich wußte selbst nicht genau, warum ich es nicht getan hatte. Ich war gar nicht auf den Gedanken gekommen.

Mariel tauchte plötzlich wieder neben mir auf.

»Sie hätten unten bleiben sollen!« zischte ich.

»Da kann ich nicht sehen, was vorgeht«, erwiderte sie.

»Win' jes' verlo'en«, murmelte Al'ha, der noch immer versuchte, das Schiff der ›New Hope ‹ entgegenzudrehen und möglichst nah an ihr zu bleiben. Trotz seiner Bemühungen wurde der Abstand immer größer. Er betrug jetzt schon zwanzig Meter. Aber das Boot hatte sein Ziel erreicht, und Menschen und Or'el kletterten an der Bordwand der ›New Hope‹ hinauf, um in den Kampf einzugreifen. Nur einer der Or'el trug eine Armbrust – die anderen hatten große, machetenartige Messer – selbst Piet. Ich vermutete, daß man sie zur Vorbereitung des Angriffs zusammen mit den Vorräten in das Boot geschafft hatte.

Als die Verstärkungen eingriffen, schien das Chaos ein wenig nachzulassen. Es waren keine Schüsse mehr zu hören – niemand hatte Gelegenheit gehabt, nachzuladen. Nur Klingen und Krallen zählten noch, und auf diesem Gebiet hatten die Kolonisten keine Chance.

Nach fünf Minuten wäre alles gewonnen gewesen, daß wußte ich.

Aber dann blickte ich direkt in die Brücke der ›New Hope‹ und sah das, was ich am meisten befürchtet hatte. Ich konnte Ogburn sehen, der keine Befehle schrie und sich am Kampf gar nicht beteiligte.

Er zündete eine Lunte an, die von einem schmierig-grauen Zylinder herabhing, und zielte in aller Ruhe auf mich. Unsere Blicke begegneten sich, und in diesem Blicketausch lag das vollständige Begreifen der ganzen Situation.

Er hob den Arm und zielte auf das Ruderhaus. Es war ein Wurf, zu dem jeder imstande gewesen wäre, und ich kannte ihn gut genug, um zu wissen, daß er gut zielen konnte.

Ich versuchte Mariel auf der Steuerbordseite aus dem Ruderhaus zu stoßen, aber ich drückte mit den Armen nach hinten und unternahm keinen Versuch, selbst zu entkommen. Ich konnte die Augen einfach nicht von Ogburn lösen und hatte das Gefühl, buchstäblich seine Gedanken lesen zu können, als er sich anschickte, mich zu töten.

Und dann fuhr unter seinem ruhigen Arm etwas vom Deck hoch . . . etwas, das schon blutbefleckt war von einem Hieb mit einer Axt, die seine linke Schulter zerschmettert hatte. Es war Piet Verheyden, seine Machete wer schon hoch erhoben, und das Sonnenlicht blitzte von der Klinge in meine Augen.

Piet stach mit aller Kraft seines unverletzten Armes zu, und als die Klinge in Ogburns Bauch drang, zuckte an meinem inneren Auge das Bild eines Skalpells vorbei, das Annas Hals durchschnitt. Dann mußte ich wegen der gleißenden Sonnenspiegelung den Blick abwenden.

Ich hatte keine Ahnung, ob Ogburn den Wurf noch getan hatte oder nicht. Ich warf mich einfach zu Boden, noch im Begriff, Mariel wegzustoßen und an Al'ha zu zerren.

Ich erinnere mich, so laut, wie ich konnte: »Hinlegen!« gerufen und es sooft, wie es mir möglich war, wiederholt zu haben, bevor . . . es einen kleinen Knall gab.

Das war die Dynamitstange, die Ogburn hatte schleudern wollen.

Dann gab es einen großen Knall.

Das war der Rest der Kiste.

Der kleine Knall mußte die Brücke der ›New Hope‹ demoliert haben. Der große blies das Schiff auseinander.

Es dauerte lange, bis das Dröhnen in meinen Ohren verklang. Bis dahin wußte ich nicht genau, was geschehen war, welches Schiff in die Luft geflogen oder ob mein Körper noch am Kopf befestigt war.

Aber schließlich war es vorbei, und ich fühlte die unbeschreibliche Erleichterung des Ganz-Seins.

Al'ha, der sich nicht zu Boden geworfen, aber wenigstens den Kopf mit einem Unterarm geschützt hatte, sagte: »Ve'damm'er Mist!«

»Keine Sorge«, sagte ich schwach. »Kein Grund zur Aufregung. Es waren nur Wilde . . . nur Wilde.«

26

Am Abend machte ich die Runde bei meinen verschiedenen Patienten. Wir hatten eine beachtliche Anzahl an Überlebenden aufgefischt – zumeist Or'el. Nie zuvor war es mir in den Sinn gekommen, an die Vorteile eines Fells als Schutz gegen Explosionsbrandwunden zu denken, aber wenn ich die Verletzungen der fremden Wesen mit denen der Menschen verglich, die wir geborgen hatten, mußte ich zugeben, daß das wirklich bedenkenswert war. Ich kam zu dem Schluß, daß Gott, wenn er vorgesehen hätte, daß wir das Dynamit erfinden sollen, der Evolution nie erlaubt hätte, uns vorher nackt zu machen.

Nur zwei von Ogburns Besatzung waren nicht untergegangen (oder hochgeflogen, wenn man mehr an die Explosion denkt als an das endgültige Schicksal dessen, was von der ›New Hope‹ übriggeblieben war). Einer davon war Malpighi, der ein gebrochenes Bein und ein paar unerfreuliche, aber nicht unbedingt gefährliche Verbrennungen zweiten Grades hatte. Der andere war Thayer, dem die Explosion stärker zugesetzt hatte – seine linke Körperseite war schwer verbrannt, und ich hatte eine Anzahl von fünf Zentimeter langen Splittern aus seinem Fleisch gezogen. Ich war nicht allzu optimistisch, was seine Aussichten anging.

Wir hatten Charles' Leiche geborgen, aber der einzige Verheyden, der die Sache überlebte, war Christian. Er hatte das große Glück gehabt, vor der Explosion – absichtlich – über Bord geschleudert zu werden. Er war durch umherfliegende Holzsplitter an den Armen verletzt worden und hatte eine leichte Gehirnerschütterung, aber es war ihm gelungen, lange genug bei Bewußtsein zu bleiben, um sich an einem Wrackteil festzuhalten. Niemand hatte gesehen, was mit Jan geschehen war. Piet war durch die riesige Explosion auf der Brücke der ›New Hope‹ zerrissen worden.

Abgesehen von einigen gebrochenen Gliedmaßen und kleineren Fleischwunden hatte Al'ha noch immer eine einsatzbereite Besatzung. Nur zwei von den Or'el waren getötet worden, und einen weiteren hatte man erschossen, als der die ›New Hope‹ geentert hatte. Das erschien mir als außerordentlich großes Glück – wir hätten leicht sechs oder sieben Mann verlieren können.

Die erste Person, die ich aufsuchte, war Thayer, aber ich konnte nicht mehr tun, als ihn mir ansehen. Die Umstände waren nicht gerade ideal, einen so schwer verletzten Mann zu pflegen, und sein Schicksal lag ganz entschieden in den Händen der Götter. Er war nicht bei Bewußtsein.

Malpighi dagegen war im vollen Besitz dessen, was man mit einiger Nachsicht als seine Geistesgaben bezeichnen konnte. Als ich seine Brandwunden untersuchte, beklagte er sich darüber, daß ich sein Bein nicht richtig eingerichtet hätte.

»Ich war da gerade ein bißchen seekrank«, sagte ich, nicht gerade Mitgefühl verströmend. (Das Bein *war* richtig eingerichtet.)

»Es schmerzt«, beklagte er sich.

»Sie werden wieder gehen können«, versicherte ich ihm. »Aber wohin, das weiß ich noch nicht.«

»Was wird geschehen?«

Ich zuckte mit den Schultern.

»Hören Sie«, sagte er, »ich war dagegen, Sie so zurückzulassen. Ich wollte das nicht. Aber ich mußte mittun, sonst hätten sie mich auch sitzenlassen. Ich war es, der verhindert hat, daß man Sie umbrachte. Und ich wollte auch Ihr Schiff nicht überfallen. Als ich erkannte, daß Menschen an Bord waren, flehte ich ihn an, es sein zu lassen, aber dieser irre Ogburn . . .«

»Das ist alles so wahrscheinlich wie ein Schnabeltier, das die Meile in vier Minuten schwimmt«, sagte ich müde.

Er wußte nicht, was ein Schnabeltier war, aber er verstand, was ich meinte.

»Was werden Sie tun?« fragte er.

»Nicht meine Sache«, gab ich zurück. »Wenn sie es wär, würde ich einen Prozeß führen. Einen großen Schauprozeß. Sie wissen schon, wie einen großen Zirkus. Ich würde Sie wegen Verbrechen gegen die Menschlichkeit und die Or'el anklagen. Menschliche und fremde Zeugen, menschliche und Or'el-Richter. Ein hübsches gemeinsames Projekt, um eine neue Ära der Freundschaft und Zusammenarbeit einzuleiten. Den Geist der Einigkeit beschwören und so weiter. Ich würde Sie zur höchstmöglichen Dauer von Zwangsarbeit verurteilen. Die Or'el werden aber vermutlich die Todesstrafe fordern. Sie sind nicht so zimperlich wie ich.«

Er bekam es mit der Angst zu tun. Er war beinahe so zornig wie angstvoll, aber es gab nichts, was er dagegen tun konnte.

»Bis dahin kümmere ich mich um Sie«, sagte ich. »Es wäre schade, wenn keiner mehr da wäre, den man vor Gericht stellen kann.«

Danach besuchte ich Christian. Mariel war in seiner Kabine und spielte den dienenden Engel. Er hatte keine Verletzungen, die zu untersuchen sich gelohnt hätten, und so setzte ich mich einfach auf die Kojenkante und betrachtete ihn, ganz wohlwollender Arzt.

»Harter Tag«, sagte ich müde.

»Ja«, sagte er gedehnt. Er wirkte schmerzgepeinigt und apathisch. Innerhalb von vierundzwanzig Stunden hatte er eine Familie verloren, noch dazu auf eine sehr unerfreuliche Weise. Ich vermutete, daß er für sie stets viel mehr empfunden hatte als sie für ihn. Schließlich war er eine Minderheit gewesen, die versucht hatte, anerkannt und aufgenommen zu werden. Er hatte auch einen Anteil an einem Reich verloren, aber ich glaube nicht, daß ihn das besonders beschäftigte. Vielleicht erinnerte er sich daran, daß die letzten Worte, die er mit seinen Brüdern gewechselt hatte, die Eröffnung zu einer körperlichen Auseinandersetzung gewesen waren.

»Jetzt ist alles vorbei«, sagte ich leise. »*Wirklich* vorbei. Ruhen Sie sich erst einmal aus. Früher oder später werden Sie die Scherben auflesen.«

Seine dunklen Augen starrten mich unter den Brauen heraus an, die nichts von den Verheydens an sich hatten.

»Sie hatten recht, nicht wahr?« sagte er. »Sie haben wirklich alles umgestürzt. Ist es tatsächlich vorbei, oder komme ich auch noch an die Reihe?«

»Sie hatten recht«, gab ich zu. »Ich wußte nicht, wie recht. Ich war wahrhaftig für die Rolle der Nemesis vorgesehen. Aber es *ist* vorbei.«

»Was ist geschehen?« fragte er.

Ich warf einen Blick auf Mariel. Sie hatte es ihm nicht gesagt und schüttelte jetzt den Kopf, um es mir zu zeigen. Vielleicht wußte sie es nicht – sie war nicht in der Lage gewesen, etwas zu sehen, weil ich sie weggeschubst hatte.

»Ogburn stand gerade im Begriff, Dynamit auf die ›Ilah'y'sa‹ zu schleudern«, sagte ich. »Er hätte es besser wissen müssen. Einer von Y'sas Boten kam ihm zuvor. Es war Piet. Leider brannte die Lunte noch. Das Dynamit explodierte auf dem falschen Schiff. Al'ha sagt, er habe einen Donnerkeil vom Himmel herunterkommen sehen, um Piets Hand zu leiten. Ich persönlich glaube, daß es das Sonnenlicht war, gespiegelt von der Klinge – aber man weiß es nie, nicht wahr?«

»Wußte Piet, daß er Ihnen das Leben rettete?« fragte Christian.

»Was glauben Sie?« gab ich zurück.

Wenn Piet begriffen hatte, was sich abspielte ... vielleicht wäre Ogburn zu seinem Wurf gekommen. Das wußten wir beide. Und vielleicht sah es nur wie Sonnenlicht *aus*, das von der Klinge gleißte ...

»Jetzt erbe ich also das Ganze«, sagte Christian und kräuselte dabei verächtlich die Lippen. »Der Jüngste. Der Bastard. Aber das Vermächtnis ist das meine.«

»Das Vermächtnis gehört dem Reich«, sagte ich. »Im Guten wie im Bösen. Sie werden von vorne anfangen müssen. Aber Sie sind so gut wie Verheyden. Tun Sie, was Sie können.«

»Tun Sie es«, sagte er. »Sie sind derjenige, der alles weiß. Sie sind derjenige, der das alte Regime zersprengt hat. Wenn es Ilah'y'sa je gegeben hat, dann sind gewiß Sie es. Aus dem Himmel, mit der Gabe zu heilen und Tod zu verbreiten, wohin Sie auch kommen. Machen *Sie* dort weiter, wo der Ehemann meiner Mutter aufgehört hat.«

»Es ist Ihre Welt, Christian«, sagte ich.

Und dabei beließ ich es.

Als nächstes besuchte ich die Tiere, die für mich meine Seuchenerreger über den Ozean transportierten. Sie sahen auch nicht sehr gut aus. Aber sie waren nur seekrank.

Ich begegnete Mariel im Gang, als ich zu meiner Kabine zurückkehrte.

Ich lächelte schwach.

»Von jetzt an geht alles spielend«, sagte ich. »Gutes Schiff, starker Wind ... und der ganze Mist.«

»Er wird sich erholen«, sagte sie. »In ein paar Tagen.«

»Sicher. Die Salzluft wird ihm sehr guttun. Und da die anderen alle nicht mehr da sind . . . er war immer der beste Kandidat.«

Es war eine eher grausame Beurteilung – kein schöner Grabspruch für Charles und Jan, die Armen.

»Ich kümmere mich um ihn«, sagte sie ruhig.

»Ich weiß«, antwortete ich.

»Ich habe nicht einmal Angst«, sagte sie. »Sie wissen schon, das verrückte Gefühl . . . alle die verrückten Gefühle . . . daß ich meine Gabe verliere. Ich habe keine Angst mehr. Ich weiß nicht, warum. Vielleicht hat mich das dauernde Kämpfen narkotisiert. Aber ich kann für Christian etwas empfinden, und aus irgend einem Grund glaube ich nicht mehr, daß das Fühlen aus meinem Talent herausgerissen wird. Sie wissen, was ich meine?«

»Ich verstehe«, sagte ich.

Sie sah mich an, suchte in meinen Augen nach der Antwort auf eine unausgesprochene Frage. Ich hatte sie im Grunde nicht – nicht klar genug, um sie in einen lesbaren Gedanken umzusetzen.

»Es ist nur eine Frage des Gleichgewichts«, sagte ich. »Finden Sie das richtige Verhältnis . . . und bewahren Sie es.«

Goldmann Verlag München

T.B. Swann
Die Nicht-Welt

Der Meister der Fantasy und Chronist einer frühen Vorzeit schuf mit »Die Nicht-Welt« einen seiner besten und reizvollsten Romane: die Geschichte von Dylan und Deirdre, von Thomas Chatterton, dem jugendlichen Genius des späten 18. Jahrhunderts, und von der Ballonfahrt, die sie gemeinsam in ein älteres, märchenhaftes Land entführt, wo sie Wesen begegnen, die der erwachende Materialismus ihrer Zeit aus dem Bewußtsein verbannte...

Fantasy-Roman. (23262)

David Dvorkin
Die Kinder der leuchtenden Berge

Dies ist die phantastische Geschichte von Mash – einem Wanderer zwischen zwei zukünftigen Welten. Vom hochtechnisierten Planeten Lammon reist Mash in eine entfernte neue Welt und entdeckt dort eine geheimnisvolle Menschenrasse mit primitiven, aber seltsam bewegenden Bräuchen. Doch bald wird Mash gezwungen, sich für eine der beiden Lebensformen zu entscheiden: es ist die neue Welt der leuchtenden Berge, die man früher Erde nannte...

Fatasy-Roman. (23271)